创新型大学生素质教育精品教材

互联网＋教育改革新理念教材

新时代劳动教育与实践教程

主审　吴积军

主编　张国海　袁　力

航空工业出版社

北　京

内 容 提 要

为了帮助学生树立正确的劳动观念，培养必备的劳动能力，养成良好的劳动习惯，本书以《大中小学劳动教育指导纲要（试行）》为指导，充分吸收有关劳动教育理论与实践的最新研究成果，全面阐述了马克思主义劳动观、劳动精神、劳模精神、工匠精神的深刻内涵，并讲解了许多实用的劳动技能和创新创业知识。本书共九章，分为理念强化篇、技能提升篇和素质拓展篇。其中，理念强化篇主要介绍劳动价值、劳动观念、劳动精神、劳模精神、工匠精神、职业精神的相关知识，技能提升篇主要介绍家务劳动、校园劳动、社会实践、劳动法律制度、劳动防护措施、劳动事故急救常识的相关知识，素质拓展篇主要介绍创新创业的相关知识。

本书理论结合实际，内容全面，体例新颖，可作为职业院校开展劳动教育的教材。

图书在版编目（CIP）数据

新时代劳动教育与实践教程 / 张国海，袁力主编
. -- 北京 : 航空工业出版社，2022.6
ISBN 978-7-5165-3084-9

Ⅰ. ①新… Ⅱ. ①张… ②袁… Ⅲ. ①劳动教育一教材 Ⅳ. ①G40-015

中国版本图书馆 CIP 数据核字(2022)第 102927 号

新时代劳动教育与实践教程
Xinshidai Laodong Jiaoyu yu Shijian Jiaocheng

航空工业出版社出版发行
（北京市朝阳区京顺路 5 号曙光大厦 C 座四层 100028）
发行部电话：010-85672663 010-85672683

北京谊兴印刷有限公司印刷 全国各地新华书店经售
2022 年 6 月第 1 版 2022 年 6 月第 1 次印刷
开本：880×1230 1/16 字数：363 千字
印张：12 定价：43.80 元

本书编委会

主　审：吴积军

主　编：张国海　袁　力

副主编：李小玲　周　泽　尚　云

参　编：王　斌　马慧玲　张可跃　纪建华

赵苗苗　梁　乾　董颂祥

前言

PREFACE

2020 年 3 月 20 日，中共中央、国务院印发《关于全面加强新时代大中小学劳动教育的意见》，提出“把劳动教育纳入人才培养全过程，贯通大中小学各学段，贯穿家庭、学校、社会各方面，与德育、智育、体育、美育相融合，紧密结合经济社会发展变化和学生生活实际，积极探索具有中国特色的劳动教育模式，创新体制机制，注重教育实效，实现知行合一，促进学生形成正确的世界观、人生观、价值观”。

劳动教育是国民教育体系的重要内容，是学生成长的必要途径，具有树德、增智、强体、育美的综合育人价值。加强劳动教育，关系到亿万青少年的全面发展、健康成长，关系到国民综合素质的提高，关系到党和国家事业的兴旺发达。

为贯彻落实国家对劳动教育的新要求，配合职业院校开展劳动教育，充分发挥劳动独特的育人作用，编者精心编写了本书。

具体来说，本书具有以下特色。

1．立德树人，铸魂育人

为落实立德树人根本任务，本书各章首页均设有“素质目标”，明确对学生的素质要求，引导学生在接受劳动教育的同时形成正确的世界观、人生观、价值观；同时，正文中设有“时代楷模”“大国工匠”“政策引领”“青春风采”“法律讲堂”“卓越创新”等模块，大力弘扬劳动精神、劳模精神、工匠精神、法治精神、创新精神等，帮助学生牢固树立以辛勤劳动为荣、以好逸恶劳为耻的正确劳动观念，促进学生成长成才。

2．校企合作，理实结合

在编写本书时，编者参考了相关合作企业的规章制度，并结合当前就业形势，在书中融入了技能学习、社会实践等知识，使技能培养与实践锻炼并举。

此外，本书内容不仅包括劳动观念、劳动精神、劳模精神、工匠精神、职业精神等理论知识，还包括整理衣物、烹饪、打扫卫生、垃圾分类、寝室美化、勤工助学等实用劳动技能，有利于将学生培养成兼具正确劳动观念和实用劳动技能的综合型人才。

3．体例新颖，案例经典

本书每章正文内容前均设有“课堂引例”模块，以小故事或实际案例为切入点，引出正文所介绍的知识。正文中穿插设置了“案例在线”“探究与分享”“劳动小贴士”“知识链接”等模块，有利于增强本书的趣味性、实用性，引起学生接受劳动教育的兴趣。每章末尾还设有“实践活动”模块，引导学生将所学知识运用到实践中。

此外，编者在选取案例时，主要选择了劳动模范、大国工匠、工人先锋等榜样人物的先进事迹，让学生在感受榜样力量的同时，树立正确的劳动观念，提高劳动热情。

4．平台支撑，“码”上学习

本书融入“互联网+”思维，读者可以借助手机或其他移动设备扫描二维码观看微课视频，也可登录文旌综合教育平台“文旌课堂”（www.wenjingketang.com）查看和下载本书配套资源，如优质课件、教案等。读者在学习过程中有任何疑问，都可以登录该平台寻求帮助。

本书由吴积军担任主审，张国海、袁力担任主编，李小玲、周泽、尚云担任副主编，王斌、马慧玲、张可跃、纪建华、赵苗苗、梁乾、董颂祥编写了部分内容。具体分工为：吴积军审核全书，张国海设计本书的结构和体例，袁力编写前言、第一章至第三章，李小玲编写第四章和第五章，周泽、尚云编写第六章和第七章，王斌、马慧玲、张可跃编写第八章，纪建华、赵苗苗、梁乾编写第九章，董颂祥负责全书的校对工作。在编写过程中，编者参阅了大量文献资料和网络资料，在此向这些资料的作者表示诚挚的谢意。

由于编者经历和水平有限，书中可能存在疏漏与不妥之处，诚请各位老师和广大读者批评指正。

目 录

CONTENTS

理念强化篇

技能提升篇

素质拓展篇

LINIAN QIANGHUAPIAN

理念强化篇

第一章 树立正确观念，感悟劳动真谛

劳动是创造物质财富和精神财富的过程，是人类特有的基本社会实践活动。劳动教育是发挥劳动的育人功能，对学生进行热爱劳动、热爱劳动人民的教育活动，重在培养学生正确劳动价值观和良好劳动品质。

正确的劳动价值观有利于学生客观地分析自身的价值，树立正确的人生观和价值观。学生能否树立正确的劳动价值观，不仅直接影响其在大学阶段的学习和生活，还关系到其就业倾向、价值取向和社会责任感的确立。

知识目标

- 理解劳动的含义、类型和价值。
- 了解劳动教育的主要内容、重要意义、基本原则和总体目标。
- 熟悉马克思主义劳动观的内容、意义和中国特色社会主义劳动观。
- 理解劳动精神的核心内容和深刻内涵，树立正确的劳动价值观。

素质目标

- 了解二十四节气的由来，认识古代中国在农业科学和天文科学方面的辉煌成就，增强民族自信心和自豪感。
- 通过学习“最美志愿者”邵书琴的事迹，培养吃苦耐劳、无私奉献的精神。

课堂引例

为什么要开展劳动教育活动

某校开展了以“青春环保”为主题的劳动教育活动，号召学生积极参加学校组织的校园美化活动，主要包括打扫教室、清扫街道、清理操场（见图 1-1）等。

图 1-1 清理操场

大多数学生认为这次活动十分有意义，于是纷纷踊跃报名。但是也有少数学生持反对意见，他们认为学生的主要任务是学习，学生只有学好科学文化知识，才能为建设祖国美好明天贡献自己的力量，学生不应该浪费时间做打扫卫生这种毫无意义的体力活。

想一想

（1）你会积极参加校园美化活动吗？你赞同上述两种观点中的哪一种？

（2）你认为学校开展劳动教育活动有哪些意义？

（3）学生应具备怎样的劳动精神？

第一节 用劳动创造美好生活

一、劳动的含义

劳动是人类改变劳动对象，使之满足自己需要的有目的的活动。马克思认为，劳动首先是人和自然之间的过程，是人以自身的活动来引起、调整和控制人和自然之间的物质变换的过程。人作为一种自然力与自然物质相对立。人为了满足自身生活的需要而占有自然物质，就必须使身上的自然力——臂和腿、头和手运动起来。

劳动是整个社会围绕转动的“太阳”，是创造价值的唯一源泉，人类的一切收获均来自劳动。凭借勤劳的双手，人类的祖先打磨几块冷石，生起一团火，告别茹毛饮血的时代，迈向新的生活。凭借勤劳的双手，中华民族的先民用汗水与智慧创造了灿烂的中华文明。凭借勤劳的双手，中国人民在中国共产党的领导下自力更生、发愤图强、锐意进取，取得了革命、建设、改革的伟大成就，全面建成了小康社会。

二、劳动的类型

劳动是人类社会存在和发展的最基本条件，在人类形成过程中起决定性作用。按照不同的分类标准，可将劳动分为不同的类型。

（一）生产劳动与非生产劳动

按劳动的自然形态划分，可将劳动分为生产劳动和非生产劳动。生产劳动为非生产劳动提供了存在和发展的条件，非生产劳动为生产劳动的发展提供了精神动力和智力支持。

1. 生产劳动

生产劳动是指创造物质财富的劳动，包括直接作用于劳动对象的工人、农民和工程师、农艺师等人的劳动，如工业和农业生产中的劳动、生产过程在流通领域中继续的那部分劳动（产品的分类、加工、包装、保管等）；也包括间接作用于劳动对象的劳动者的劳动，如劳动管理、技术管理、人事管理、工艺流程设计等。

2. 非生产劳动

非生产劳动是指不创造物质财富的劳动，如老师教学（见图 1-2）、演员表演、美容师进行美容等精神劳动、艺术劳动和服务劳动。非生产劳动不是人类社会一开始就有的，而是随着生产劳动的发展和人类对精神生活、医疗教育、生活服务等方面需求水平的不断提高而出现的。

图 1-2　老师教学

探究与分享

作家创作文艺作品属于什么劳动？印刷厂的工人将作家创作的文艺作品印制成书籍属于什么劳动？这两种劳动有什么区别？

（二）体力劳动与脑力劳动

根据体力活动和脑力活动在劳动中所占的比例不同，可将劳动分为体力劳动和脑力劳动。体力劳动是指以使用或消耗体力为主的劳动，脑力劳动是指以使用或消耗脑力为主的劳动。

体力劳动是脑力劳动的基础，脑力劳动支配体力劳动，两者共同创造劳动价值。在具体劳动中，体力劳动和脑力劳动共同存在，人的任何劳动都是体力和脑力同时消耗的过程。例如，种植水稻（见图 1-3）虽然以体力劳动为主，但仍需要人通过脑力劳动来确定种植位置、施肥时机、肥料种类等；写作虽然以脑力劳动为主，但仍需要人在纸上书写或者利用键盘在计算机中书写。

（三）具体劳动与抽象劳动

具体劳动是指生产的目的、操作方法、劳动对象和劳动手段互不相同的、创造不同使用价值的劳动。例如，木匠用斧、锯等劳动工具加工木材，生产出桌、椅、床等劳动产品；纺织工人用织布机、剪刀等劳动工具纺纱织布（见图 1-4）。具体劳动反映了人和自然的关系，是劳动的自然属性。

图 1-3　种植水稻

图 1-4　纺纱织布

抽象劳动是指撇开各种具体形式的、一般的、无差别的人类劳动，即人的脑力和体力在商品生产中的消耗。抽象劳动反映了商品生产者之间的经济关系，是劳动的社会属性。在商品经济中，当人们的经济联系通过劳动产品的相互交换来实现时，耗费在这些劳动产品上的人类劳动才能被当作一般人类劳动而被抽象出来。抽象劳动是形成商品价值实体的源泉，是商品经济所特有的。

劳动小贴士

具体劳动和抽象劳动是统一且对立的。一方面，商品生产者在进行具体劳动的同时也在进行抽象劳动，具体劳动和抽象劳动在时间和空间上都是统一且不可分割的；另一方面，具体劳动和抽象劳动是生产商品时劳动的两种不同属性，分别对应劳动的自然属性和社会属性。

（四）简单劳动与复杂劳动

根据劳动的复杂程度不同，可将劳动分为简单劳动和复杂劳动。简单劳动是指在一定社会条件下，不必经过专门的学习和训练，每个正常的劳动者都能从事的劳动，如搬运物品、扫地等。复杂劳动是指在经过专门的学习和训练后，掌握一定知识和技能的劳动者才能从事的劳动，如修理汽车、编程等。

从马克思主义劳动价值论的角度看，在同等条件下，从事复杂劳动所创造的价值比从事简单劳动所创造的价值大。这是因为复杂劳动背后存在教育成本、实验成本等。复杂劳动不仅包括劳动者的直接劳动，还包括技术研发、知识传授、管理等间接劳动。

二、劳动的价值

下面从个人和社会两个层面介绍劳动的价值。

（一）劳动对个人的价值

1．劳动是知识的源泉

劳动是人们获取知识的重要途径之一。通过劳动实践，人们积累了许多实用的知识。例如，我国古代劳动人民在农作中不断探索农耕生产和气候变化的关系，从而形成了“立夏不下，桑老麦罢”“谷雨前后，种瓜点豆”等有关二十四节气的农谚。

源远流长

二十四节气的由来

据文献记载，商周时期，我国中原地区就出现了仲春、仲夏、仲秋和仲冬四个节气名称。战国时期编写的《吕氏春秋·十二纪》中明确记载的节气名称有八个，分别为立春、春分、立夏、夏至、立秋、秋分、立冬、冬至。到了汉代，刘安等人首次在《淮南子·天文》中提出二十四节气的概念。西汉太初元年（前 104 年）实施的《太初历》首次将“二十四节气”订入历法。至此，二十四节气正式作为一种指导农业生产的历法被确立下来。为了便于记忆，古人还将二十四节气编成歌诀：

春雨惊春清谷天，夏满芒夏暑相连。
秋处露秋寒霜降，冬雪雪冬小大寒。

扫一扫

二十四节气的含义

二十四节气是我国古代劳动人民根据天文学、气象学和长期农业生产的实践经验总结创作而成的，不仅能够反映季节的变化、指导农事活动，甚至还影响着古人的衣食住行。二十四节气蕴含了中华民族深厚的文化底蕴，是我国历史文化长河中的一颗璀璨明珠。

2．劳动是培养个人社交能力的途径

劳动是人类最重要、最基本的活动形式，也是形成人类社会关系的重要途径。大多数劳动需要以集体的形式进行，在劳动的过程中，人们通过交流、合作、共享，学会与他人和睦相处，进而培养自己的社交能力。

3．劳动促进个人全面发展

劳动者通过劳动，可以强健体魄、锻炼思维能力、磨炼意志、提高自身的综合能力、培养良好的品质，从而促进个人全面发展。

（1）强健体魄。劳动者在参加体力劳动的过程中，可以使身体得到一定程度的活动，从而达到强身健体的目的。例如，在种瓜果（见图 1-5）时，需要整地、播种、浇水、施肥，这些劳动可以使劳动者的身体得到一定强度的锻炼，有益于身体健康。

图 1-5　种瓜果

（2）锻炼思维能力。劳动是一种以获取成果为目标的特殊活动，能够锻炼人的思维能力。例如，在生产劳动中，人们会绞尽脑汁尝试用各种方法来提高生产效率，这在无形之中锻炼了人们的思维能力。

（3）磨炼意志。意志是指人自觉地确定目的，并根据目的来支配、调节自己的行动，克服困难，实现预定目的的心理过程。人们为了生存，必须进行生产劳动，但是在劳动过程中，往往需要面对许多困难。人们在解决困难的过程中，会逐渐磨炼自己的意志。例如，我国古代劳动人民为了种好庄稼，必须与各种自然灾害（如洪水、雪灾、蝗灾等）作斗争，从而形成了中华民族艰苦奋斗、自强不息的民族精神。

（4）提高自身的综合能力。学生积极参加社团活动（见图 1-6），或者利用节假日自发参加社会劳动，不仅能够丰富生活经验，还能够提高生活自理能力、社交能力、社会适应能力等多方面的能力，进而成为一个独立自主的人。

图 1-6　参加社团活动

（5）培养良好的品质。人只有参加劳动实践，才能够深刻体会到劳动过程的艰辛，深刻理解劳动成果的来之不易，从而形成吃苦耐劳、勤俭节约、艰苦奋斗的优良品质。

4. 劳动使个人实现自我价值

劳动是个人实现自我价值的重要途径。劳动者通过辛勤劳动获取劳动成果，既满足了个人对物质的需求，还能获得精神上的满足感。例如，作家写出一本好书，厨师做出一桌好菜，科学家取得重大科研成果，不仅能让他们获得经济收入，还能使他们产生成就感和满足感，从而在劳动中实现自我价值。

此外，许多志愿者并不把获取报酬作为劳动的目的，他们通过个人劳动为社会发展和祖国建设贡献自己的力量，在无私奉献中实现自我价值。

时代楷模

“最美志愿者”邵书琴

邵书琴毕业于广东外语外贸大学国际商务英语学院，自愿参加大学生志愿服务西部计划。伴随着“到西部去、到基层去、到祖国和人民最需要的地方去”的激昂旋律，她只身前往新疆生产建设兵团第三师托云牧场，从事基层社会管理工作。在服务期间，她迅速适应当地环境，利用自己的专业优势，发挥自身才能，出色地完成了各项工作，并策划了多项活动来丰富当地群众的文化生活。

服务期满后，邵书琴申请扎根边疆，留在牧场工作。在援疆的几年时间里，她陆续被牧场党委评为“先进工作者”“三八红旗手”“爱岗敬业女干部”“民族团结先进个人”，并获得第十一届“中国青年志愿者优秀个人奖”、全国“最美志愿者”称号、第22届“中国青年五四奖章”等荣誉。2016年，邵书琴成为托云牧场社区党支部书记。在她的带领下，社区党支部战斗力明显增强，社区维稳、增收、民生保障等各项工作任务都得以顺利完成。

（二）劳动对社会的价值

1. 劳动是人类社会存在和发展的基础

一方面，人类生存所需要的食物、衣服、住房等基本的物质生活资料只有通过生产劳动才能获得。另一方面，为了追求更好的物质享受和精神享受，人类在非生产劳动中不断总结经验并进行创新劳动，推动科学技术和社会文化不断发展，促进人类社会不断进步。

2. 劳动创造社会财富

社会财富是指劳动者在生产过程中创造的、具有使用价值的劳动产品。人类通过劳动，可以改变自然物原本的形态和性质，进而将其转化为可以为人类所利用的社会财富。

3. 劳动推动人类社会不断发展

人类在生产实践中不断积累经验，改进生产工具和生产技术，从而推动了生产力的发展、生产关系的变革和整个社会的进步。例如，瓦特在修理蒸汽机时，发现原有的蒸汽机耗煤多、工作效率低的原因是绝大部分蒸汽没有被有效利用，据此，他发明了与气缸分离的冷凝器，大大提高了蒸汽机的工作效率，推动了第一次工业革命的发展，人类社会从此进入了“蒸汽时代”。

此外，人类在劳动中创作的各种优秀的作品，也在一定程度上推动了社会发展。例如，《资本论》和《共产党宣言》为人类指明了除资本主义外的一条新的发展道路，对人类社会的发展产生了深远影响。

第二节 用劳动教育落实立德树人根本任务

一、劳动教育的主要内容

劳动教育的主要内容包括日常生活劳动教育、生产劳动教育和服务性劳动教育。

（一）日常生活劳动教育

日常生活劳动教育立足个人生活事务处理，结合开展新时代校园爱国卫生运动，培养学生的生活能力和良好的卫生习惯，帮助学生树立自立自强意识。例如，学校开展“最美寝室”评选活动，号召学生将寝室打扫干净并保持寝室整洁，同时通过表扬寝室环境最好的学生，激励其他学生积极参加寝室劳动，维护寝室环境，进而养成良好的生活卫生习惯。

（二）生产劳动教育

通过生产劳动教育，让学生在工农业生产过程中直接经历物质财富的创造过程，体验从简单劳动、原始劳动向复杂劳动、创造性劳动的发展过程，学会使用工具，掌握相关技术，感受劳动创造价值，增强产品质量意识，体会平凡劳动中的伟大。

（三）服务性劳动教育

通过服务性劳动教育，让学生利用知识、技能等为他人和社会提供服务，在服务性岗位上见习实习，树立服务意识，实践服务技能；在公益劳动、志愿服务中强化社会责任感。

案例在线

劳动教育正当时　贵大学子展风采

2022 年 5 月底，贵州大学助力乡村振兴“十百千”劳动教育实践活动在贵阳市修文县六屯镇大木村开展，全校共有 360 余名师生参加。

在大木村韭黄产业基地，贵州大学的师生们充分发挥专业优势，协助当地群众开展田间管理工作。学生刘某说：“这是我第一次参加这种实践活动。虽然很热很累，但我体会到了从事农业生产的劳动者的不易与辛苦，明白了‘植保人’的责任。今后我将加强专业学习，努力把青春挥洒在贵州大地上。”

学生舒某表示：“这次实践活动让我将自己从书本中学到的很多理论知识运用到了实践中，既丰富了我的实践经历，也有利于我今后更深入地学习专业理论知识。”

学生杨某说：“我生于农村，长于农村，从小就参加农业劳作。现在，我掌握了专业理论知识，不会再像以前那样蛮干，而是有方法、有技巧地干，这得益于学校对我的培养。”他表示自己在毕业后会回到家乡，将自己学到的知识用于农业、用于农村、用于农民，为乡村振兴贡献力量。

贵州大学农学院副院长表示，此次劳动教育实践活动，不仅可以增强学生对所学专业的热爱之情，还可以让学生在实践中巩固课堂知识。该院长强调，“三农”工作任重道远，农学院的学生责无旁贷，希望他们能将个人发展融入家乡建设中，将个人理想融入“三农”工作中，让青春之花绽放在祖国需要的地方。

二、劳动教育的重要意义

（一）劳动教育是实现中国梦的强大助推力量

马克思主义理论认为人民群众是历史的创造者，即劳动者通过劳动推动社会的发展。劳动者通过不断探索创新，推动国家和民族在文化、科技等诸多领域一次次实现重大突破。正是中华民族一代又一代的劳动者不懈努力，铸就了中华民族的辉煌历史，推动着中华民族走向繁荣富强。

劳动开创未来，奋斗实现梦想。“以劳动托起中国梦”，根本上要靠劳动者的辛勤劳动、诚实劳动和创造性劳动。学生对劳动的认知，对劳动的态度，对劳动习惯、劳动技能的培养，将影响国家和民族的未来。学校开展劳动教育，可以帮助学生形成正确的劳动价值观和良好的劳动品质，使其明白美好生活要靠劳动创造，只有坚持努力奋斗，才能实现中华民族伟大复兴的中国梦。

（二）劳动教育是培养合格的社会主义建设者和接班人的途径

马克思在《资本论》中说：“未来教育对已满一定年龄的儿童来说，就是生产劳动同智力和体育相结合，它不仅是提高社会生产力的一种方法，而且是造就全面发展的人的唯一方法。”中共中央、国务院发布的《关于全面加强新时代大中小学劳动教育的意见》指出：“劳动教育是国民教育体系的重要内容，是学生成长的必要途径，具有树德、增智、强体、育美的综合育人价值。”

劳动教育是中国特色社会主义教育制度的重要内容，直接决定社会主义建设者和接班人的劳动精神面貌、劳动价值取向和劳动技能水平。培养合格的社会主义建设者和接班人，必须做到：

（1）在劳动教育过程中贯彻马克思主义劳动观，强调劳动是一切财富、价值的源泉，劳动者是国家的主人，一切劳动和劳动者都应该得到鼓励和尊重；倡导通过诚实劳动创造美好生活、实现人生梦想，反对一切不劳而获、崇尚暴富、贪图享乐的错误思想。

（2）加强学校教育与社会生活、生产实践的直接联系，发挥劳动在个人与社会之间的纽带作用，引导学生认识社会，增强社会责任感，同时注重让学生学会分工合作，体会社会主义社会平等、和谐的新型劳动关系。

（3）面向真实的生活世界和职业世界，引导学生以动手实践为主要方式，在认识世界的基础上，获得有积极意义的价值体验，学会建设世界，塑造自己，实现树德、增智、强体、育美的目的。

（三）劳动教育是学校立德树人的重要载体

国无德不兴，人无德不立。育人的根本在于立德。落实立德树人根本任务，是我国教育事业不断取得新发展的关键，也是实现高质量发展、建设教育强国的必然要求。

立德树人是一种先进的教育理念，其要义是培养德才兼备、全面发展的高素质人才。劳动教育以帮助学生树立正确的劳动观念、学习劳动技能、塑造良好的人格和品德、培养正确的价值观念为目标，与立德树人这一根本任务相辅相成。

为了落实立德树人根本任务，各校努力构建德智体美劳全面培养的教育体系，全面开设劳动教育课程，培养学生正确的劳动观和实用的劳动技能，让学生在“立德树人”的教育理念下实现全面发展。

（四）劳动教育是学生成长成才的必修课

学校开展劳动教育，可以使学生走出教室、走出寝室、走到户外，在劳动中锻炼身体、放松心情，从而达到强健体魄、丰富精神世界、提高道德品质、陶冶审美情操的目的。

此外，学校开展劳动教育，有利于学生灵活运用各种理论知识解决实际问题，在创造性劳动的基础上，实现发明创造；有利于学生在辛勤劳动的过程中塑造良好的心理素质，在艰苦奋斗、顽强拼搏中磨炼意志，从而获得受益终生的宝贵精神财富；有利于学生在国家需要与个人价值实现、专业学习与岗位匹配之间找到平衡，从而形成自主、多元、积极的就业观。

探究与分享

通过接受劳动教育掌握一定的劳动技能固然重要，但更为重要的是，通过劳动实践，可以获得丰硕的劳动成果，进而体会到劳动的价值，明白劳动光荣、劳动让人幸福、劳动使人全面发展的道理。

你认同上述观点吗？请结合自身经历谈谈理想的劳动教育应达到的目的。

三、劳动教育的基本原则

（一）把握育人导向

坚持中国共产党的领导，围绕培养担当民族复兴大任的时代新人，着力提升学生的综合素质，促进学生全面发展、健康成长。把准劳动教育价值取向，引导学生树立正确的劳动观，崇尚劳动、尊重劳动，增强对劳动人民的感情，报效国家，奉献社会。

（二）遵循教育规律

符合学生年龄特点，以体力劳动为主，注意手脑并用、安全适度，强化实践体验，让学生亲历劳动过程，提升育人实效性。

（三）体现时代特征

适应科技发展和产业变革，针对劳动新形态，注重新兴技术支撑和社会服务新变化。深化产教融合，改进劳动教育方式。强化诚实合法劳动意识，培养科学精神，提高创造性劳动能力。

（四）强化综合实施

加强政府统筹，拓宽劳动教育途径，整合家庭、学校、社会各方面力量。家庭劳动教育要日常化，学校劳动教育要规范化，社会劳动教育要多样化，形成协同育人格局。

（五）坚持因地制宜

根据各地区和学校实际，结合当地在自然、经济、文化等方面条件，充分挖掘行业企业、职业院校等可利用资源，宜工则工、宜农则农，采取多种方式开展劳动教育，避免“一刀切”。

案例在线

坚持专业引领，扎实推进劳动教育

学生不仅要在课堂上学习专业理论知识，还要在劳动实践中检验所学知识，只有这样，才能真正理解所学知识，掌握专业技能。学校根据学生的劳动实践成果，可以了解专业知识的掌握情况，便于及时查漏补缺。由此可见，坚持专业引领，充分发挥专业优势，将专业教育、知识学习和技能实践相融通，是学校开设劳动教育课程的重要举措。

2021 年 4 月 7 日，汉中职业技术学院药学院（以下简称“药学院”）组织全院教职工和部分学生代表在汉中职业技术学院农业实训基地开展“耕读教育”活动。药学院结合本院药学、中药学、化妆品技术三个专业的特点，将“责任田”划分为四块，分别种植金银花、薄荷、蒲公英和芍药。为了种好自己的“责任田”，师生们事先做了大量的学习和准备工作。

药学院负责人表示，开展“耕读教育”活动，就是将专业教育与劳动教育、生命教育和中华优秀传统农耕文化教育紧密结合，为学生提供将理论应用于实践的机会，拓宽学生的知识面、丰富学生的生活经验，教育学生不仅追求以“耕”自力更生，还懂得以“读”修身养性。

此外，汉中职业技术学院还利用本院园艺、种植课程的优势，开展了以水果种植、蔬菜栽培、花卉培育等为主题的劳动教育实践活动，帮助学生在劳动实践中学习劳动技能，培养劳动精神。在汉中职业技术学院举办的“科技之春”花卉盆栽技术专题活动中，后勤处的老师为近 200 名学生讲解了花卉知识和盆栽技术，并进行了现场示范。示范结束后，学生按照老师讲解的步骤和方法进行花卉栽培练习（见图 1-7），老师对学生的作品进行点评，并对表现出色的学生给予了充分肯定。

图 1-7　花卉栽培练习

四、劳动教育的总体目标

为加快构建德智体美劳全面培养的教育体系，2020 年 7 月，教育部印发《大中小学劳动教育指导纲要（试行）》（以下简称《指导纲要》）。《指导纲要》明确提出劳动教育的总体目标是准确把握社会主义建设者和接班人的劳动精神面貌、劳动价值取向和劳动技能水平的培养要求，全面提高学生劳动素养，使学生树立正确的劳动观念、具有必备的劳动能力、培育积极的劳动精神、养成良好的劳动习惯和品质。

（1）树立正确的劳动观念。使学生正确理解劳动是人类发展和社会进步的根本力量，认识劳动创造人、创造价值、创造财富、创造美好生活的道理，尊重劳动，尊重普通劳动者，牢固树立劳动最光荣、劳动最崇高、劳动最伟大、劳动最美丽的思想观念。

（2）具有必备的劳动能力。使学生掌握基本的劳动知识和技能，正确使用常见的劳动工具，增强体力、智力和创造力，具备完成一定劳动任务所需要的设计能力、操作能力及团队合作能力。

（3）培育积极的劳动精神。使学生领会“幸福是奋斗出来的”内涵与意义，继承中华民族勤俭节约、敬业奉献的优良传统，弘扬开拓创新、砥砺奋进的时代精神。

（4）养成良好的劳动习惯和品质。使学生能够自觉自愿、认真负责、安全规范、坚持不懈地参与劳动，形成诚实守信、吃苦耐劳的品质，珍惜劳动成果，养成良好的消费习惯，杜绝浪费。

第三节　从马克思主义劳动观中汲取精神力量

一、马克思主义劳动观的内容

马克思认为全部人的活动迄今都是劳动。劳动是马克思思想体系的核心，也是马克思主义理论研究的基础。马克思主义劳动观主要包括劳动本质论、劳动价值论、劳动解放论。

（一）劳动本质论

马克思主义劳动本质论主要包括以下内容。

1．劳动创造了人本身

恩格斯在《劳动在从猿到人的转变过程中的作用》一文中，详细论述了劳动在从猿进化为人的过程中的作用。恩格斯指出，由于劳动，人渐渐开始直立行走，解放了手，进而引起了整个肌体的变化。同时，人在劳动中又产生了语言，在劳动和语言的共同作用下，意识逐渐产生。意识的产生与发展反过来又推动劳动和语言的发展。

由此可见，劳动在从一种高度发展的类人猿进化到人类的过程中起到了决定性作用。劳动是整个人类生活的第一个基本条件，而且达到这样的程度，以致我们在某种意义上不得不说：劳动创造了人本身。

2．劳动创造了人类生活

马克思、恩格斯在《德意志意识形态》中指出：“全部人类历史的第一个前提无疑是有生命的个人的存在。”而“有生命的个人”之所以能够存在，最主要的原因是他们能够通过自己的劳动来生产和创造物质生活资料。

3．劳动是一切价值的创造者

马克思认为，劳动是一切价值的创造者。只有劳动才能赋予已发现的自然产物以一种经济学意义上的价值。恩格斯在《自然辩证法》中也有同样的表述，“劳动和自然界在一起才是一切财富的源泉，自然界为劳动提供材料，劳动把材料变为财富”。可见，劳动是人类创造物质财富和精神财富的活动。

4．劳动创造了社会关系

马克思主义理论认为，劳动是人的本质，人的本质是一切社会关系的总和。劳动不仅创造了人与自然的关系，还形成了人与人之间的关系（即劳动资料的占有和使用的关系，劳动的分工和协作关系，劳动产品的交换、分配和消费关系等）和人与主观意识之间的关系，而这些关系成为人类社会的基本关系。社会是人类劳动的产物，是劳动的展开形式，也必将随着劳动的发展而发展。

探究与分享

在工作中，我们会与其他人形成同事关系、雇佣关系；在学习中，我们会与其他人形成同学关系、师生关系。你还知道哪些劳动创造社会关系的具体例子？请简要说明。

（二）劳动价值论

劳动价值论是马克思主义政治经济学的基础理论。劳动价值论详细阐述了商品经济的本质和运行规律。马克思认为，商品是价值和使用价值的统一。商品的价值是指凝结在商品中的无差别的人类劳动，商品的使用价值是指能满足人们某种需要的物的效用，即物的有用性。劳动的二重性（即生产商品的具体劳动和抽象劳动）决定了商品的二重性。其中，具体劳动创造商品的使用价值，抽象劳动创造商品的价值。

在资本主义生产方式下，资本家购买劳动力后，按照劳动力的价值支付给劳动者一定的工资。同时，资本家通过延长劳动时间和提高劳动生产率的方式，提高劳动力所创造出来的价值，该价值中超过资本家所支付的劳动力价值的那部分就是剩余价值。这就是马克思劳动价值论中的剩余价值理论。

剩余价值理论最简明地揭示了在资本主义社会中，资本家通过私人占有社会财产来剥削工人的现象，体现了无产阶级和资产阶级之间利益的根本对立和不可调和的矛盾冲突。

探究与分享

有人认为，在经济不景气时，公司让员工加班是给员工的“福报”，员工应该感谢公司给了他一份工作。但是也有人认为，在经济不景气时，员工努力工作才能帮助公司渡过难关，公司与员工是平等的合作关系，并不存在“福报”一说。

你赞同哪种观点？简要说明你的理由。

（三）劳动解放论

马克思认为，人正是通过现实的劳动使自己的生命活动本身变成自己意志和自己意识的对象，从而实现人的真正的自由与解放。但是在资本主义大机器生产方式下，人的劳动被异化。劳动异化不仅导致劳动者与生产资料和劳动成果相分离，还导致劳动者与他的类本质相异化、人与人的关系相异化。劳动异化是实现人类解放和自由的障碍。

要改变劳动异化现象，就必须通过革命消灭资本主义赖以生存的经济基础——私有制。只有这样，人类才能真正获得劳动的快乐和自由，才能从根本上获得解放。这样的人类解放理想并非不可实现的乌托邦社会主义（即“空想社会主义”），而是建立在人的现实劳动基础之上的人的解放和社会解放的统一。

二、马克思主义劳动观的意义

马克思主义劳动观的诞生，是人类劳动学说史上的一座里程碑。马克思主义劳动观第一次全面阐述了劳动在人类社会发展史上的决定性作用，由此揭示了人类社会发展的一般规律。马克思主义劳动观不仅在人类劳动学说史上具有重要的理论价值和历史地位，而且对新时代坚持和发展中国特色社会主义、实现中华民族伟大复兴的中国梦具有十分重要的意义。

（一）为实现民族复兴指明了必经之路

马克思主义劳动观认为，劳动是人类生存的基本条件，人类为了满足需求，就需要劳动。劳动造就了中华民族的辉煌历史，也必将开创中华民族的光明未来。劳动是财富的源泉，也是幸福的源泉。人世间的美好梦想，只有通过诚实劳动才能实现；发展中的各种难题，只有通过诚实劳动才能破解；生命里的一切辉煌，只有通过诚实劳动才能铸就。

在一百多年的奋斗历程中，中国共产党团结带领全国人民进行革命、建设和改革，使中华民族迎来了实现伟大复兴的光明前景。越是接近目标，越要依靠劳动。我们要把马克思主义劳动观蕴含的科学真理运用到新时代坚持和发展中国特色社会主义的伟大实践中去，不断推进中华民族伟大复兴。

（二）为进行社会革命揭示了主体力量

马克思主义劳动观认为，“整个所谓世界历史不外是人通过人的劳动而诞生的过程”。社会主义是干出来的，新时代也是干出来的。新时代中国特色社会主义是中国共产党领导人民进行伟大社会革命的成果，也是中国共产党领导人民进行伟大社会革命的继续。要把新时代坚持和发展中国特色社会主义这场伟大社会革命进行好，根本上靠劳动、靠劳动者创造。一切不劳而获、投机取巧、贪图享乐的思想都是错误的，任何时候、任何人都不能看不起普通劳动者。我们要在全社会大力弘扬劳动精神，推动全社会热爱劳动、投身劳动、爱岗敬业，让劳动光荣成为铿锵的时代强音，让勤奋做事、勤勉为人、勤劳致富在全社会蔚然成风，为实现中华民族伟大复兴的中国梦凝聚强大的精神动能。

（三）为进行自我革命奠定了理论基础

马克思主义理论认为，共产党人是劳动人民当中最彻底、最坚定的先进分子，是最不知疲倦的、无所畏惧的和可靠的先进战士，为建设共产主义社会而奋斗。劳动是马克思主义政党保持先进性和纯洁性的内在要求。中国共产党不断进行自我革命的目的，就是同一切影响党的先进性、弱化党的纯洁性的问题作斗争，确保党永远做人民的公仆、时代的先锋、民族的脊梁。

在中国共产党的领导下，广大劳动者辛勤劳动、艰苦奋斗，以劳动托起中国梦。从建设“陕北好江南”到开凿红旗渠（见图 1-8），再到建设深圳经济开发区，中国共产党带领广大劳动者始终走在时代前列，用汗水和智慧奏响“劳动最光荣”的主旋律。

图 1-8　开凿红旗渠

薪火相传

红旗渠精神

20 世纪 60 年代，河南省林县（今林州市）人民为改善恶劣的生产生活条件，摆脱水资源匮乏的困境，历时 10 年，在太行山的悬崖峭壁上修建了举世闻名的大型水利灌溉工程——红旗渠，形成了“自力更生、艰苦创业、团结协作、无私奉献”的红旗渠精神。

红旗渠是一个奇迹，它的“奇”主要体现在以下几个方面：

第一，跨省跨县跨流域引水。河南省林县与山西省长治市平顺县隔着巍巍太行山，将平顺县浊漳河的水引进林县，是林县人民千百年的梦想。这一梦想在中国共产党的领导下变成了现实，这充分体现了社会主义制度的优越性。

第二，改变了河山旧貌。红旗渠从 1960 年开工，1969 年初步建成。10 万英雄儿女靠着一锤、一铲、一双手，逢山凿洞、遇沟架桥，顶酷暑、战严寒，克服了常人难以想象的困难，凿通了 180 个隧洞，架设了 150 座渡槽，在万仞壁立、千峰如削的太行山上建成了渠道总长为 2 000 多千米的“人工天河”——红旗渠。

红旗渠的建成，使当地形成了引、蓄、灌、提相结合的水利网，结束了林县“十年九旱、水贵如油”的苦难历史，从根本上改变了林县人民的生产生活条件。红旗渠至今仍然发挥着不可替代的重要作用，被当地人称为“生命渠”“幸福渠”。

三、中国特色社会主义劳动观

中国特色社会主义劳动观是对马克思主义劳动观的创新与发展，为新时代营造崇尚劳动、尊重劳动的良好氛围提供了重要依据。中国特色社会主义劳动观丰富了劳动的内涵，赋予了劳动美学价值，并且要求劳动者树立正确的劳动观念、大力弘扬劳动精神。

（一）丰富了劳动的内涵

从人类和人类社会的历史与未来的层面看，人类是劳动创造的，社会是劳动创造的，劳动是推动人类社会进步的根本力量。推动人类社会进步的力量很多，包括科学、技术、资本、管理，但根本力量还是劳动。唯物史观强调的是人民创造世界历史，这里的人民，主要是指劳动者。但是在经典著作中，很少把人民和劳动结合起来讲，即使在讲人民史观和群众史观时，劳动也往往是缺席的。“人民创造历史，劳动开创未来”的论述把劳动和人民联系在一起，既强调了人民作为历史的创造者，又强调了劳动是开创未来的力量，这无疑是对唯物史观的发展。

从民族复兴、全面建设社会主义现代化国家的层面看，“实现我们的奋斗目标，开创我们的美好未来，必须紧紧依靠人民、始终为了人民，必须依靠辛勤劳动、诚实劳动、创造性劳动”。实现社会主义现代化，实现中华民族伟大复兴的中国梦，根本上还是靠劳动，这是从国家、民族的角度对劳动重要性的高度肯定。

从个人生活层面看，“劳动是一切成功的必经之路”“生命里的一切辉煌，只有通过诚实劳动才能铸就”。通往成功的路上一定会有劳动，通过劳动才能创造辉煌的明天。“劳动是财富的源泉，也是幸福的源泉”。拥有财富的人，不一定都是成功的人。财富是幸福的基础，获得财富不一定就能获得幸福，要把劳动和幸福关联起来，不能把劳动变成财富的附庸。

（二）赋予了劳动美学价值

劳动最光荣、劳动最崇高、劳动最伟大、劳动最美丽。全社会都应该尊敬劳动模范、弘扬劳模精神，让诚实劳动、勤勉工作蔚然成风。其中，“劳动最美丽”不仅指劳动行为美丽，还包括劳动者在劳动过程中塑造出的美丽心灵、高尚道德和优秀品格。

弘扬“劳动最美丽”是实现中华民族伟大复兴的时代任务和现实需求。“劳动最美丽”启发人们树立热爱劳动、崇尚劳动、赞美劳动的审美观念，并且在情感指向、内在体验和审美认同层面，充分肯定劳动本质之美、劳动形式之美、劳动过程之美、劳动精神之美、劳动成果之美。

近年来，各行各业广泛开展了“中国梦·劳动美”主题活动，旨在通过颂扬劳动者“美的劳动”“美的创造”及劳动的社会价值，启发人们深刻认识各行各业的优秀劳动者都是这个时代最美的劳动者，他们的劳动都是最美的劳动，他们所彰显的精神都是最美的精神，这也是马克思主义劳动美学思想在新时代的新体现、新表达。

（三）要求劳动者树立正确的劳动观念

人类是劳动创造的，社会是劳动创造的。劳动没有高低贵贱之分，任何一份职业都很光荣。新时代劳动者必须树立正确的劳动观念，在做好本职工作的前提下，还要身体力行向全社会传播劳动精神，引导广大人民群众树立辛勤劳动、诚实劳动、创造性劳动的理念，让其进一步焕发劳动热情、释放创造潜能，通过劳动创造更加美好的生活。

劳动者具备自主、敬业、奉献等精神，是其辛勤劳动的基本标志。劳动者要克服不劳而获的错误思想，树立勤奋致富的劳动观念；要诚实劳动，脚踏实地做事创业；要不甘平庸，与时俱进，打破常规思维，创造性地从事各项劳动，积极进取、勤学勤练，充分发挥自身优势，立足岗位实际，创造更加优异的成绩。

（四）要求大力弘扬劳动精神

劳动精神在新时代的突出表现是劳模精神和工匠精神，这两种精神具有鲜明的中国特色，彰显了时代特点和民族风范，是全体劳动者必须汲取的精神营养，是全民族的思想引领。

大力弘扬劳动精神，必须树立劳模榜样，在全社会倡导劳模精神，继承和弘扬劳模崇高的敬业奉献精神；必须坚持以马克思主义劳动观为指导，以“大国工匠”的执着信念、精益求精的态度，重塑工匠精神。

探究与分享

随着直播、短视频等行业的兴起，一些年轻人将成为“网红”作为自己的职业理想，甚至为了出名不择手段。假如你身边也有同学想成为“网红”，你会对他说些什么？

第四节 从劳动精神中领悟人生真谛

一、理解劳动精神的核心内容

劳动精神是广大劳动者在社会生产实践中锤炼形成的，是广大劳动者弥足珍贵的精神财富。“崇尚劳动、热爱劳动、辛勤劳动、诚实劳动”，这 16 个字是对劳动精神的高度概括和生动诠释，为新时代坚持和弘扬劳动精神指明了方向。

（一）崇尚劳动

崇尚劳动就是提倡劳动、尊重劳动。劳动是人类最美好、最崇高的存在，是光荣而神圣的。劳动既能创造物质世界，又能创造精神世界。一方面，劳动者通过劳动创造出满足人类生存需要的物质资料；另一方面，劳动者在劳动过程中不畏艰难、奋勇拼搏、无私奉献，使劳动精神的内涵不断丰富。

学生要崇尚劳动，树立正确的劳动观念，秉持积极的劳动态度，培育优良的劳动品质，养成良好的劳动习惯，通过劳动实现自我价值与社会价值的统一。

（二）热爱劳动

热爱劳动就是对劳动充满热情，主动、积极地参加劳动。中华民族是热爱劳动的民族，在几千年的历史长河中，中国人民兢兢业业、艰苦奋斗、自强不息。我们今天所拥有的一切，无不凝聚着无数人的聪明才智，浸透着无数人的辛勤汗水。进入新时代，实现中华民族伟大复兴的中国梦更要依靠广大劳动者的热情劳动和努力奋斗。

（三）辛勤劳动

辛勤劳动就是埋头苦干、真抓实干，干在实处、干出成果。劳动是财富的源泉，也是幸福的源泉。幸福不会从天而降，美好生活只能靠劳动创造，全社会都应形成以辛勤劳动为荣、以好逸恶劳为耻的良好风尚。

中华民族自古以来便有辛勤劳动的传统，出现了许多有关辛勤劳动的典故和名句。例如，愚公移山、精卫填海的故事，反映了我国古代劳动人民改造自然的顽强毅力；“业精于勤，荒于嬉；行成于思，毁于随”“书山有路勤为径，学海无涯苦作舟”等名句，表明了勤学苦练、辛勤劳动对促进人的发展和进步具有重要作用。

辛勤劳动是长久幸福的保障。只有通过辛勤劳动获得的成果，才能经得起时间的考验；只有付出过辛勤劳动的人，才懂得什么是真正的幸福，才能心安理得地享受自己所创造的幸福生活。

（四）诚实劳动

诚实劳动是指在劳动过程中脚踏实地，恪尽职守，遵守法律法规，不窃取他人的劳动成果。按劳动价值观划分，可将劳动分为诚实型劳动和欺骗型劳动；按劳动是否合法划分，可将劳动分为合法劳动和非法劳动。

其中，诚实型劳动和合法劳动有利于劳动者自身的发展，也能推动社会进步。欺骗型劳动和非法劳动可能会在短期内为劳动者或企业带来一定的好处，但从长远来看，对劳动者、企业和社会都存在极大的危害，是一种损人不利己的行为。例如，一些不法企业在生产产品时以次充好、偷工减料，这样虽然可以在短期内降低成本，但从长期来看，这样会导致产品口碑变差、销量下降，这些不法企业还会受到法律的制裁。

诚实劳动是成就梦想的基石，是劳动者实现人生价值的重要手段。学生应尊重劳动，珍惜自己和他人的劳动成果，在劳动中坚持诚实守信、脚踏实地、勤勉认真。

时代楷模

袁隆平：最快乐的事就是劳动，在劳动中锻炼本领

袁隆平是我国杂交水稻事业的开创者和领导者，是享誉海内外的农业科学家，被誉为“杂交水稻之父”。他获得过多种奖项，如于 2018 年获得“改革先锋”称号，于 2019 年获得“共和国勋章”，等等。他一生致力于杂交水稻技术的研究、应用与推广，为我国粮食安全、农业科学发展和世界粮食供给做出了杰出贡献。

袁隆平曾说：“成功没有捷径。我不在家，就在试验田；不在试验田，就在去试验田的路上。”从最初三系法杂交稻的成功，到攻克两系法杂交稻、冲刺超级稻、培育耐盐碱水稻，每个阶段都离不开袁隆平在田间的辛勤劳动和刻苦研究，每一株杂交水稻都凝结着袁隆平的汗水与心血。

袁隆平十分推崇劳动，认为劳动是最快乐的事情。他曾对广大学生说：“我认为最快乐的事就是劳动。你们要学好知识，更要去实践，在劳动中锻炼自己的本领，发现自己的兴趣，热爱劳动，诚实劳动，德智体美劳全面发展，做好社会主义建设者和接班人。”

二、理解劳动精神的深刻内涵

劳动精神建立在马克思主义劳动观的理论基石上，汲取中华优秀传统文化中的劳动理念，形成于中国人民伟大社会历史实践之中，丰富和发展于中国特色社会主义新时代。劳动精神以爱岗敬业、勤奋务实为固有本色，诚实守信、艰苦奋斗为鲜明特色，敢于挑战、勇于创新为时代亮色，应体现出劳动最光荣、劳动最崇高、劳动最伟大、劳动最美丽的深刻内涵。

（一）劳动最光荣

劳动是人类社会的基石。人类生活、生产所需的各种物质资料和精神资料都必须通过人的劳动来创造。没有劳动的支持，人类社会便无法发展甚至无法正常运转，因此，劳动是人类社会最光荣的事业。

传承劳动精神就是继承和发扬中华民族勤劳勇敢、艰苦奋斗的光荣传统，时刻警惕不劳而获、投机取巧、贪图享乐等错误的思想观念。只有让劳动最光荣的观念深入人心，才能让劳动精神在新时代焕发生机，进而起到凝聚奋发力量、引领前进方向、激发人们劳动热情的作用。当劳动者的劳动价值得以实现或得到认同时，劳动者会感到欣慰、自豪、高兴，进而以更大的热情投入劳动，创造更高的价值。

（二）劳动最崇高

劳动是人类最崇高的事业，是一切成功的必经之路。一切劳动都是为了满足人的需要、实现人的自由。只有全社会形成劳动最崇高的共识，所有劳动者共同劳动，才能促进人类社会不断发展。一切为人民谋幸福、为民族谋复兴、为世界谋大同的劳动都是崇高而伟大的。劳动者应努力使个人劳动与人民幸福、民族复兴、世界大同相统一，用自己勤劳的双手创造更美好的世界。

“功崇惟志，业广惟勤。”我国仍处于并将长期处于社会主义初级阶段，实现中国梦，创造全体人民更加美好的生活，任重而道远，需要我们每个人继续付出辛勤劳动和艰苦努力。为了实现中国梦这一崇高事业，我们应在全社会树立起“劳动最崇高”的新风尚，在全社会形成尊重劳动、赞美劳动、崇尚劳动的良好氛围，凝聚所有劳动者的力量，奋勇向前。

（三）劳动最伟大

劳动是推动人类社会走向更高级发展阶段的重要动力。古往今来，没有任何一项辉煌成就是脱离劳动就能取得的，也没有任何一种灿烂文明是脱离劳动就能形成的。改革开放 40 多年以来，中国人民以敢试敢为的勇气和自我革新的担当，闯出了一条新路、好路。开荒南泥湾、耕耘黑土地、攻关超级稻，解决了 14 亿多人的吃饭问题；“和谐号”“复兴号”（见图 1-9）的研发，辽宁舰、山东舰、福建舰的研发，中国空间站的建成与运行，推动“中国制造”向“中国创造”转变。这些巨大成就是“劳动最伟大”最确凿的证据，让中国实现了从“赶上时代”到“引领时代”的跨越。

实现中华民族伟大复兴需要以伟大的劳动精神为支撑。我国越发展壮大，遇到的阻力和压力就会越大。我们应以勇立潮头、走在前列的勇气和冲开绝壁、夺隘而出的锐气，积极投身改革创新的时代潮流中，在平凡的工作岗位上勤勉工作、锐意创新，为满足人民对美好生活的向往而努力奋斗，为中国特色社会主义事业添砖加瓦。

（四）劳动最美丽

劳动能够塑造劳动者的人格之美和精神之美。美的发展离不开特定的社会历史条件和劳动实践，劳动水平决定了美的衡量标准与表现形式，劳动目的寄托了人们对美的追求。我国古代劳动人民用勤劳的双手创造了秦兵马俑、万里长城（见图 1-10）、京杭大运河等伟大奇迹，即便历经千年，我们依然能从这些伟大奇迹中感受到古代劳动人民精巧的构思和精湛的技艺，体会他们的智慧美和劳动美。

图 1-9　山东舰

图 1-10　万里长城

劳动精神凝聚着劳动美，劳动美蕴含在劳动者的劳动实践和劳动成果（如改进生产工艺、生产精美的产品等）中，也体现在劳动者高尚的道德品质中。在新时代，无数劳动者在平凡的岗位上以平凡的劳动成就各自独特的劳动美，在劳动中实现人生价值。

时代楷模

劳动模范陈俊安

2021 年广州市白云区劳动模范和先进集体表彰大会召开，共有 80 人获得“白云区劳动模范”荣誉，德邦快递广州白云区龙归服务点的快递员陈俊安就是其中之一。

在工作中，陈俊安坚持随叫随到、不辞劳苦、任劳任怨的工作态度，将客户的事当成自己的事，从业 5 年来一直保持零投诉、零差错的纪录。此外，陈俊安还会为不同类型的客户提供个性化服务，因此获得了许多好评。

“坚持做好一件事”是陈俊安对自己的要求。在这样的自我要求下，他在工作中表现出色，2019 年、2020 年连续两年保持全年绩效五星评分，从公司 10 万名快递员中脱颖而出，成为公司的“金星快递员”。

三、树立正确的劳动价值观

人的一生其实就是一个辛勤劳动、不断积累的过程，知识的丰富、阅历的增加、财富的获取，都是通过劳动和积累完成的。尊重劳动、热爱劳动、践行劳动不仅是做人的本分，也是人类文明延续之基、经济发展之源。

（一）尊重劳动：唱响劳动之歌

我们要尊重一切有益于人民和社会的劳动。不论是体力劳动还是脑力劳动，不论是简单劳动还是复杂劳动，一切为我国社会主义现代化建设做出贡献的劳动，都是光荣的，都应该得到尊重。尊重劳动应当包括尊重劳动本身、尊重劳动者、尊重劳动者的劳动成果三层内涵。

（1）尊重劳动本身。虽然不同劳动者的劳动形式和劳动内容有所差异，但是从本质上讲，所有劳动者的劳动都是同质且平等的。劳动没有高低贵贱之分，任何劳动都很光荣。我们应对所有劳动者所创造的劳动价值一视同仁。每种形式的劳动都是社会有机体不可或缺的。正是由于不同劳动者所做出的贡献不同，人们的各种生活需要才能得到满足，社会才不断发展。

（2）尊重劳动者。劳动者是历史发展的主体，是我国现代化建设的主要力量。劳动者扎根于社会基层，有着丰富的实践经验，而丰富的实践经验是不断创新的源泉。由此可见，劳动者本身蕴藏着极大的创新潜能。劳动者是否得到尊重、劳动者个人的利益是否得到保障，会影响劳动者的积极性和创造性。我们应尊重劳动者，认可他们的劳动价值，为他们营造更加公平、自由的社会环境，以充分调动他们的积极性和创造性，促使他们为实现中华民族伟大复兴的中国梦做出更大的贡献。

（3）尊重劳动者的劳动成果。整洁的街道是环卫工人的劳动成果，美观的绿化带是园林工人的劳动成果，安全有序的交通秩序是交警的劳动成果。我们身边到处都是辛勤的劳动者和他们的劳动成果，他们用自己的劳动为我们的生活增添了光彩，给我们的生活带来了便利。我们应尊重这些在平凡岗位上辛勤工作的劳动者，尊重他们的劳动成果。对他人劳动成果的尊重程度，能够反映一个人素质的高低、品格的优劣。

（二）热爱劳动：创造幸福生活

劳动带给人快乐和幸福。人们进行劳动，不仅是为了满足生活需要，更是为了使自己的生活更加充实，从而实现自我价值。对热爱劳动的人来说，劳动的过程本身就是一种幸福体验。

学生应以高度的热情投身劳动，通过劳动来锻炼身体、增长见识、提高技能、帮助他人，实现自我价值，并从劳动中获得满足感、自豪感和成就感。劳动给人们带来的一切，都将进一步激励人们更加辛勤地劳动，使人们逐渐成为热爱劳动、热爱生活的幸福劳动者。

（三）践行劳动：活出精彩人生

“纸上得来终觉浅，绝知此事要躬行。”我们应认真学习马克思主义劳动观和新时代劳动思想体系，从社会历史发展的角度理解新时代劳动精神，同时积极参加学校组织的各项劳动教育活动（如劳动教育讲座、劳模事迹展览、劳模人物访谈等），深刻体会劳动精神的内涵和价值理念，并树立正确的劳动价值观。此外，我们还可以主动参与劳动实践（如打扫卫生、参与志愿活动、参加兼职或实习等），在实践中体会劳动带来的快乐，感悟劳动精神的内涵，从而培养崇尚劳动、热爱劳动、辛勤劳动、诚实劳动的劳动精神。图 1-11 为学生参加志愿植树活动。

图 1-11　学生参加志愿植树活动

实践活动

观看《大国工匠》纪录片，分享观后感

为了直观、深刻地认识劳动的价值和劳动教育的意义，老师组织学生以班级为单位观看纪录片《大国工匠》，引导学生了解我国各行各业的劳动者在劳动中创造出的一个又一个奇迹，让学生体会我国劳动人民的勤劳、勇敢、智慧，并学习他们的劳动精神。

在观看结束后，学生进行发言，讲述该纪录片中自己印象最深刻的一个故事，并简述自己从该故事中得到的启示，然后写一篇观后感（500 字以上），以表达自己对劳动和劳动教育的思考和感悟。

活动记录

印象最深的故事：

观后感：

活动评价

老师可参考表 1-1 对学生在实践活动中的表现进行评价。

表 1-1 实践活动评价表

评价标准	分值	分数小计	老师评价
活动记录填写完整，能够抓住要点	20		
观后感逻辑清晰，叙议结合，观点鲜明	30		
能够用事实佐证观点，得出符合客观实际的结论	20		
语言流畅，字迹工整，可读性强	30		
总 计	100		

第二章 弘扬劳模精神，引领社会风尚

劳动模范是最美的劳动者，是时代的榜样。广大劳动模范在平凡的岗位上做出了不凡的成就，其身上所具备的优秀品质和崇高精神，值得每个学生认真学习和感悟。以爱岗敬业、争创一流、艰苦奋斗、勇于创新、淡泊名利、甘于奉献为核心内涵的劳模精神，是伟大时代精神的生动体现，是引领学生向美好生活努力奋斗的旗帜。

学生要崇敬劳动模范，弘扬劳模精神，勤于创造、勇于奋斗，满怀信心投身于全面建设社会主义现代化国家、实现中华民族伟大复兴中国梦的伟大事业中。

知识目标

- 了解劳动模范的重要地位。
- 理解劳模精神的核心内涵和丰富意蕴。
- 了解在新时代弘扬劳模精神的现实意义。
- 学会如何在学习和工作中践行劳模精神。

素质目标

- 通过学习肖明清、盖立亚等劳动模范的事迹，体会劳模精神的核心内涵，从劳模精神中汲取精神力量，自觉成为劳模精神的弘扬者和践行者。
- 通过学习时代楷模黄文秀的事迹，树立崇高的职业理想，培养“全心全意为人民服务”的奉献精神。

课堂引例

向劳动模范学习

在“五一”劳动节来临之际，学校组织全体学生一起观看 2022 年庆祝“五一”国际劳动节暨全国五一劳动奖和全国工人先锋号表彰大会的直播。看到电视里讲述一个个劳动模范的事迹，小赵被这些劳动模范坚韧不拔的精神和高尚的品格所折服。

事后，小赵在观后感中写下这段话：

“劳动模范是在其岗位上做出优异成绩的先进模范人物，是时代的精英和人民的榜样。他们身上勤劳、勇敢、刻苦、认真的优秀品质和爱岗敬业、艰苦奋斗、甘于奉献的精神，值得我们每一个人学习。

“虽然不是每个人都能成为劳动模范，但人人都能学习和践行劳模精神。学习劳模精神，首先要尊敬、尊重劳动模范。劳动模范就是我们身边的一面镜子。常照这面镜子，有利于我们发现自身的不足，进而激发见贤思齐的内在动力；有利于我们不断摒弃‘小胜即满’的懈怠思想。”

想一想

（1）什么样的人能成为劳动模范？

（2）劳模精神的核心内涵有哪些？

（3）如何在生活中践行劳模精神？

第一节　劳动模范是最美劳动者

劳动模范简称劳模，是我国授予在生产建设中成绩卓著或有重大贡献的先进人物的一种光荣称号。劳动模范是劳动群众的杰出代表，是时代的引领者，是人民群众学习的榜样。

一、劳动模范是劳动群众的杰出代表

劳动模范是劳动群众的杰出代表，是最美的劳动者。自 1950 年国家首次表彰劳动模范以来，我国工人阶级和广大劳动群众与祖国同成长、与时代齐奋进，奏响了“咱们工人有力量”的主旋律，各条战线英雄辈出、群星璀璨。特别是进入新时代以来，我国工人阶级和广大劳动群众在实现中国梦伟大进程中拼搏奋斗、争创一流、勇攀高峰，在决胜全面建成小康社会、决战脱贫攻坚中发挥了主力军作用，用智慧和汗水营造了劳动光荣、知识崇高、人才宝贵、创造伟大的社会风尚，谱写了“中国梦・劳动美”的新篇章。

劳动模范爱岗敬业，锐意创新，勇于担当，无私奉献，用干劲、闯劲、钻劲激励更多的人做新时代的奋斗者。

二、劳动模范是时代的引领者

劳动模范是民族的脊梁、时代的引领者。在不同历史时期，国家发展建设的侧重点有所差异，劳动模范的使命也不尽相同，但他们在实践中体现出来的劳模精神始终激励着广大劳动者，使得各行各业涌现出越来越多的劳动模范。

平凡成就伟大，劳动创造辉煌。每个劳动模范的背后，都有一段动人的故事。每个劳动模范，都深受群众爱戴。全国著名劳动模范申纪兰，一生都生活在太行山深处一座名叫西沟的山村。她曾说："不是西沟离不开我，是我离不开西沟。"从 20 世纪 50 年代起，她带领群众创办农业合作社，还和村干部一起推行家庭联产承包责任制、创办乡镇企业、绿化荒山，始终与群众风雨同舟、同甘共苦。

被誉为"当地愚公"的劳动模范李双良，不要国家一分钱的投资，带领渣场职工把沉睡了半个多世纪、占地 2.3 平方千米的渣山搬掉，自创设备，生产各种废渣延伸产品。此后，他又带领职工在原地建成了绿树成荫、环境优美的大花园，从根本上解决了太原钢铁（集团）有限公司的倒渣难题。

被称为"工人专家"的劳动模范李斌，生前是上海电气液压气动有限公司液压泵厂职工。他努力钻研，从一名技校毕业生成长为数控应用专家。此外，他还自学了德语，在与外商就技术引进方案进行谈判时，凭着自身扎实的专业知识，为国家节省了上百万元的费用。他说："学知识、学技能，仅仅是我职业生涯的第一步；用知识和技能进行创新，为国家和企业创造更大的效益，才是我的最终追求。"

劳动模范是广大劳动者学习的榜样，是社会风尚的引领者。在劳动模范的带动和影响下，一代代劳动者以自己的实际行动践行劳模精神，用劳动汇聚起托起中国梦的强大力量。

三、劳动模范是人民群众学习的榜样

任何时代的发展，都离不开榜样的示范和感召作用。劳动模范作为广大劳动群众的榜样，其身上所具备的优秀品质和崇高精神值得所有劳动者去学习和践行。无数劳动模范的事迹告诉我们，通过辛勤劳动，人们可以在平凡的岗位上做出不凡的成就，改变自己的命运，实现人生价值。

北京协和医院骨科副主任医师吴南将"把每一名患者看作至亲至爱的人"作为自己的从医准则，致力于做人民的好医生。他深耕脊柱矫形手术多年，带领团队突破了脊柱畸形病因学诊断的科研难关；他用高超的手术技艺，让许多患者能够健康、自信地"挺起脊梁"。2022 年，他获得第 26 届中国青年五四奖章。

我们要向劳动模范学习，不仅要学习他们的精神，也要学习他们的工作方法。工作中难免会有遇到瓶颈的时候，这时，我们可以去看看同行业的劳动模范是怎么做的，或许他们的方法能给我们一些启发。一个善于从劳动模范身上汲取精神营养的劳动者，一定大有可为。

时代楷模

奚延忱：以厂为家的后勤守护者

辽宁省劳动模范奚延忱出身于农民家庭，艰苦的生活条件造就了他能吃苦、不服输的性格。1995 年从技校电焊班毕业后，奚延忱到本溪钢铁（集团）有限责任公司（以下简称"本钢"）

工作，通过自己的不懈努力，成为一名焊工技师。

当上班长后，奚延忱接触的工种变多了，他觉得自己作为班长不能只懂电焊技术，于是开始自学其他工种的相关知识，并向班里的老师傅请教实际操作的技巧。提前到岗、不午休，成了奚延忱独特的工作习惯，也让他变成了既熟练掌握二氧化碳保护焊、等离子焊等多种焊接技术，又能熟练运用钳工技能、管工技能、铆工技能的“万能工”。

奚延忱清楚地知道，对于公司来说，时间就是效益。20 多年来，他所带领的班组从未出现过延期交工的问题。奚延忱说：“从接到任务的那一刻起，我们就在与时间赛跑。不管工作多难，我们都必须在规定时间内完成，否则就会给公司造成损失。”

2016 年，奚延忱负责开展本钢第三次联合检修工程的重点项目——调整 360 平方米烧结机机尾弯道。在温度高、灰尘多、调整精度高、更换空间狭小的情况下，奚延忱和他的班组成员必须在 5 天内完成调整工作，如果延期交工，就会耽误生产。因此，奚延忱和他的班组成员夜以继日，连续 3 天进行不间断作业，终于按时完成任务，使设备在调整后正常运行。图 2-1 为奚延忱在调整设备。

图 2-1　奚延忱在调整设备

第二节 用劳模精神汇聚强大正能量

一、劳模精神的核心内涵

劳模精神的核心内涵主要包括爱岗敬业、争创一流、艰苦奋斗、勇于创新、淡泊名利、甘于奉献。劳模精神是劳动者在劳动过程中秉持的劳动态度、劳动理念和展现出来的劳动风貌。劳模精神丰富了民族精神和时代精神的内涵，是我们极为宝贵的精神财富。

（一）爱岗敬业

所谓爱岗，就是要干一行，爱一行；所谓敬业，就是要钻一行，精一行。热爱本职工作，对待工作勤勤恳恳、兢兢业业、一丝不苟、认真负责，是对爱岗敬业精神的完美诠释。爱岗敬业是职业道德的源头活水，是劳模精神的基础。

劳动者要做到爱岗敬业，必须要培养责任心，钻研专业技术，做到干一行、爱一行。

1. 培养责任心

任何人要想成就一番事业，都离不开强烈的责任心，离不开认真负责的主人翁意识。有了责任心，劳动者才有与困难和挑战作斗争的勇气和力量。只有在认真、负责地完成工作任务的过程中，劳动者才能充分激发自己的潜能，提高工作能力。

2. 钻研专业技术

热爱本职工作的劳动者，会努力学习专业技术知识，提高专业操作技能，钻研提高工作效率的新思路、新方法，使自己成为能胜任本职工作的行家里手。

例如，中国石化齐鲁石化公司的于江涛，白天上班时跟着师傅们学习炼油理论和操作技能，晚上下班回家后自学计算机知识，将复杂的设计图转化为三维立体图；经过长期积累，熟练掌握各种机械设备的特性后，他又通过创新探索，改进了常减压装置减压塔顶抽真空系统，大大降低了常减压装置的运行成本。

3. 做到干一行、爱一行

热爱是一切动力的源泉。劳动者要充分理解本职工作的意义，努力培养做好本职工作的幸福感和荣誉感，做到干一行、爱一行，坚持踏实劳动、勤勉劳动，从而在平凡岗位上成就一番事业。

时代楷模

公安劳模涂如全

2019 年，重庆市巴南区公安分局的刑侦业务骨干涂如全被公安部评为“全国首批刑事情报研判专家”。因工作成绩突出，他先后获得“重庆市先进工作者”“重庆青年五四红旗手”等多项荣誉称号。

2021 年 2 月，巴南区发生一起涉案金额巨大的电信诈骗案件。受害人被犯罪分子诈骗 404 万元。接到报警后，涂如全立即组织警力梳理涉案资金流，对多级涉案账户开展止付冻结工作。然而狡猾的犯罪分子隐藏在网络背后，利用非法收购来的银行账户转移诈骗资金，想方设法扰乱警方视线。为了快速侦破案件，涂如全以办公室为家，困了就在沙发上睡一会儿，然后继续在屏幕前与犯罪分子作斗争。

经过一个多月的鏖战，案件侦查工作取得突破性进展。一个倒卖“两卡”的犯罪团伙逐渐浮出水面。而涂如全也因长时间伏案工作而腰伤复发。同事都劝他回去歇一歇，但涂如全知道，接下来的抓捕工作最关键，既要保证不打草惊蛇，又要确保及时追回赃款，帮助受害人挽回损失，因此他必须亲自上阵，绝不能让前期侦查成果付诸东流。在病情最严重的时候，他只能趴在沙发上指导团队开展抓捕收网工作。

最终，专案组兵分19路，赶赴全国各地开展收网工作，一举抓获犯罪嫌疑人32人，查扣银行卡85张。在整个案件的办理过程中，涂如全及其团队先后冻结涉案账户129个，冻结资金260余万元，极大地打击了犯罪分子的嚣张气焰。

有人说，涂如全是天生的刑侦能手，破案有如神助；也有人说，涂如全的成功，靠的是背后的高科技团队支持。只有身边的战友知道，他的成功源自对刑侦工作的热爱，几十年如一日地潜心钻研刑侦工作，不断探索每个案件的最优解法。

（二）争创一流

争创一流是指追求一流的技术水平，干出一流的工作业绩，达到一流的工作效率。劳动者要以最高的标准要求自己，树立“对标一流、争创一流”的目标，在工作中不断强化自身的竞争意识和劳动意识，努力攻坚克难。例如，何小虎创新性地提出“首件标定参数法”“异型零件高效找正法”，先后攻克 65 项液体火箭发动机生产研制难题，为我国航天事业做出了巨大贡献。

劳动者要做到争创一流，必须要树立更高的目标，拓宽视野，有积极向上的进取心。

1. 树立更高的目标

“海阔凭鱼跃，天高任鸟飞。”争创一流就是要在高起点的基础上继续追求更高的目标。劳动者必须树立更高的目标，并始终保持昂扬向上、奋发图强的精神状态，朝着既定目标，主动迎难而上，取得一流的成绩。

2. 拓宽视野

劳动者要具备广阔的视野，积极向外界学习一切有用的知识，将本职工作与社会发展和人类进步联系起来，充分利用相关资源，努力提高自己的综合素质，做好每一件小事。

3. 有积极向上的进取心

劳动者要具备积极进取的心态和勇气，要有勤勉善思、勇于开拓的进取精神，不因取得小小成就而沾沾自喜、骄傲自满，而要在工作中不断磨炼自己，提高自身综合实力，为取得更大的成就而奋斗。

时代楷模

肖明清：穿山越水的探路先锋

1998 年，武汉长江隧道项目筹备工作正式启动。当时，武汉长江隧道（见图 2-2）是我国地质条件最复杂、工程技术含量最高、施工难度最大的江底隧道工程。打通隧道，需要攻克高水压、超浅埋、强透水、长距离掘进等世界级难题。时任武汉长江隧道工程设计总工程师的肖明清不畏艰难、迎难而上，带领团队努力攻克这些难题。

图 2-2　武汉长江隧道

在工作期间，肖明清夜以继日地思考每一个细节和风险点，带领团队通过“引进、吸收、消化、创新”的方法，研发并采用了许多新技术。他们在世界范围内首次提出并采用“管片衬砌与非封闭内衬叠合结构”技术，在国内首次提出并采用“大直径盾构通用楔形环管片”技术、“盾构隧道管片接缝双道密封垫防水”技术、“盾构隧道段顶部排烟与底部疏散结合”技术等。

2008年12月28日，有“万里长江第一隧”美誉的武汉长江隧道建成通车。中华民族实现了“隧穿长江”的百年梦想，长江过江交通迎来“江上架桥、江面行船、江底通隧”的“三维”时代。

从武汉长江隧道工程的设计总工程师，到当时世界上在强渗透高磨蚀地层中修建的直径最大、水压最高、覆跨比最小的水下盾构隧道——南京长江隧道的设计总工程师，再到世界首座高速铁路水下盾构隧道——广深港高铁狮子洋隧道的设计总工程师……肖明清见证了中国隧道建设从无到有，迈向世界先进行列的过程。

截至2021年底，肖明清已领衔设计了50多座大型水下隧道。他先后获得“全国劳动模范”“杰出工程师奖”“央企楷模”等荣誉，并获3项国家科技进步二等奖，5项国家级优秀设计奖，6项中国土木工程詹天佑奖……

肖明清曾说：“能不能把工作做好，很大程度上取决于想不想把工作做好，只要有想法，肯定会有办法。每个人都要心系自己的使命，为行业发展贡献力量，只有以更加谦虚谨慎的态度、更加求真务实的精神去学习、研究，才能为祖国的交通事业发展做出更大贡献。”

（三）艰苦奋斗

艰苦奋斗是劳模精神的本质，也是中华民族的优良传统。劳动模范之所以能成为劳动模范，最根本的原因是他们始终坚持和发扬艰苦奋斗精神，在平凡的岗位上创造了不平凡的业绩。在中华人民共和国成立初期，以劳动模范为代表的无数劳动者依靠自己勤劳的双手、顽强的意志、必胜的信念，让我国得到了迅速发展。在艰苦奋斗中磨炼出来的坚强意志和坚定信念，生动地诠释着劳模精神。

劳动者要做到艰苦奋斗，必须要树立不怕困难的意识，保持昂扬奋进的锐气，保持勤俭节约的作风。

1. 树立不怕困难的意识

奋斗的道路不会一帆风顺，往往荆棘丛生、充满坎坷。劳动者要想成就一番事业，就必须牢固树立不怕困难的意识，敢于直面前进道路上的困难和挑战。

“宝剑锋从磨砺出，梅花香自苦寒来。”越是条件艰苦的环境，就越能锻炼人的能力，磨炼人的意志，培养吃苦耐劳、坚韧不拔的品格。劳动者要想提高自己的能力，就要到艰苦环境中去，到工作第一线去，在风浪中经受磨炼和考验。

2. 保持昂扬奋进的锐气

在奋斗的过程中，难免会遭遇失败、挫折。劳动者不能因此而丧失自信、轻言放弃，而应当保持昂扬奋进的锐气，不灰心、不气馁，以不达目的誓不罢休的精神和越挫越勇的气势重整旗鼓，在逆境中锤炼意志、坚定目标，不断克服困难，战胜挫折。

3. 保持勤俭节约的作风

发扬艰苦奋斗精神，就必须保持勤俭节约的作风，将有限的资源用在“刀刃”上，坚决反对铺张浪费和大手大脚，抵制拜金主义、享乐主义和奢靡之风；坚持以俭修身、以俭兴业，为实现中华民族伟大复兴而努力奋斗。

探究与分享

谈谈你对“争创一流”和“艰苦奋斗”的认识。

（四）勇于创新

创新是一个民族进步的灵魂，是一个国家兴旺发达的不竭动力。劳动者不仅要主动培养求异、求新、求特、求奇、求变的创新思维，激发对未知事物的兴趣和好奇心，保持积极创新、乐于探索的热情，积极寻找解决问题的新方法；而且要做到敢想、敢说、敢做，敢于突破思维局限，敢于直面他人的质疑，敢于将自己的创新想法付诸实践。

2013 年前，我国 2 000 吨以上的大型履带起重机全部依赖进口，价格、售后服务等受制于人。造出属于我们自己的“超级”起重机，是徐工集团工程机械有限公司高级工程师孙丽的梦想。2013 年，经过孙丽及其团队的大力攻关，4 000 吨级履带起重机（见图 2-3）在山东烟台成功完成“首秀”，实现了我国在超大吨位履带式起重机研发制造领域的突破。“为了这个梦想，我们奋斗了整整 23 年。”孙丽说。

图 2-3　4 000 吨级履带起重机

时代楷模

盖立亚：冲击世界一流机床技术的女专家

盖立亚是沈阳机床股份有限公司（以下简称“沈阳机床”）所属沈阳优尼斯智能装备有限公司总经理，也是一名高级工程师，曾先后被评为“沈阳市特等劳动模范”“辽宁省劳动模范”“全国劳动模范”等。

参加工作 20 年来，盖立亚一直深耕在数控（智能）机床研发及制造第一线，主持并参与了 4 项数控机床国家重大专项项目，取得了 22 项实用型专利、3 项发明专利，成为业界重要的领军者。

扫一扫

盖立亚：机床行业领军者

德国的舍弗勒集团为全球汽车、机械、航天航空等领域提供轴承。该集团在进入中国市场时，需要定制用于加工直径为 1 米的轴承的机床。这种机床必须在保证双刀架、双主轴的同时一次完成生产工序，这对制造的精度和效率提出了极高的要求，国内外许多大型机床制造商都不敢接单。但是沈阳机床迎难而上，果断拿下订单。最终，双轴数控车床的攻关任务落在了盖立亚及其团队肩上。

当时，盖立亚正处于孕早期，伴有严重的妊娠反应。但她仍坚持在生产现场收集数据，与技术人员一起自制毛坯料，进行模拟试验，仔细对比切削结果，反复修改技术方案。在距离预产期仅有 4 天时，盖立亚还在不停地修改车床装配过程中的注意事项，并到车间查看车床的装配情况。

双轴数控车床装配完成后，舍弗勒集团对其进行了细致的检测，发现该车床的加工精度达到了 0.5 微米，而舍弗勒集团的要求为 1 微米。更令人叹服的是，该车床以车代磨加工精密大型轴承的工艺，大大提高了加工效率。

此后，舍弗勒集团陆续订购了近百台双轴数控车床，还将沈阳机床纳入“舍弗勒集团十大优秀供应商”。沈阳机床由此打开了面向国际轴承行业的高端市场。

（五）淡泊名利

淡泊名利是中国传统义利观的集中体现，是劳模精神的价值引领。追求名利富贵是人之常情，但是这种追求应以遵守道德规范为前提。劳动者应学习劳动模范淡泊名利、潜心钻研的精神，坚持将个人梦想与中国梦紧密结合，在为实现中国梦埋头苦干的同时，实现个人价值。

在价值观多元化的当今社会，只有保持一颗淡泊名利的心，不为名利所扰，坚定地朝着实现人生价值的目标前行，脚踏实地、执着专注、潜心钻研，才能最终干出一番事业。

（六）甘于奉献

甘于奉献是对社会主义道德的弘扬。社会由个体组成，社会利益是多数人的利益。劳动模范以维护社会的根本利益和长远利益作为自己的价值导向，默默无闻地做好本职工作，不计较个人得失，不为小利所惑，在奉献中报效祖国、服务人民，从而实现人生价值。例如，樊锦诗扎根大漠 50 多年，倾其一生守护敦煌，既让莫高窟（见图 2-4）“延年益寿”，又以数字化技术让莫高窟中的千年壁画和彩塑得以“永生”，支撑她几十年如一日地守护莫高窟的，正是她身上所具备的甘于奉献、不求回报的精神。

图 2-4　莫高窟

劳动者要一步一个脚印，扎扎实实做好本职工作，以国家和人民的利益为先，勇于承担社会责任，让甘于奉献的劳模精神薪火相传。

时代楷模

黄文秀：将青春和生命奉献给脱贫攻坚事业

2018 年 3 月，黄文秀主动请缨到百坭村任党组织第一书记。作为第一书记，她始终心系群众，关爱贫困群众，想方设法帮助他们早日脱贫致富，让他们也能享受到党和政府的关怀和温暖。

担任第一书记后，她主动放弃双休日，用了近 1 个月的时间挨家挨户拜访村民，基本掌握了全村村民的情况和贫困户的贫困原因。为了帮助贫困户脱贫，黄文秀组织村"两委"干部，通过专家现场指导、挨家挨户宣传、党员带头示范等方式，带领村民摸索适合本村发展的产业——种植砂糖橘、八角、杉木等。她到任之时，百坭村的贫困发生率为 22.88%，经过一年努力，贫困发生率降至 2.71%。此外，黄文秀还积极组织开展各类活动，丰富村民的业余生活。例如，黄文秀通过开展全村道德模范人物评选和文明家庭评选活动，重点树立"尊老爱幼"道德典范，调动了村民的积极性，使百坭村获得了全市"乡风文明红旗村"的荣誉称号。

在工作上，她不忘初心，牢记使命，始终把党的事业放在最重要的位置。她兢兢业业、任劳任怨，从不因为节假日而放松工作，坚持高质量地完成工作任务。她时刻惦记着村民的需求，及时处理村里发生的大小事情。

在生活上，黄文秀十分节俭，但每当村民有困难或需要她在经济上施以援手时，她又会慷慨解囊。她经常自掏腰包，购买一些水果或生活用品来慰问村里的孤寡老人和留守儿童，还帮助考上大学的贫困生争取各项补助。

2019 年 6 月 17 日凌晨，白坭村出现汛情，黄文秀在连夜赶回百坭村的路上遭遇山洪，因公殉职。她为家乡的扶贫事业奉献了自己的一切。为了纪念黄文秀，表彰她为扶贫事业做出的杰出贡献，弘扬她身上艰苦奋斗、甘于奉献的劳模精神，国家先后授予黄文秀"时代楷模""最美奋斗者""全国优秀共产党员""感动中国 2019 年度人物""全国脱贫攻坚楷模"等荣誉称号。

二、劳模精神的丰富意蕴

劳模精神充分展现了我国新时代工人阶级和广大劳动群众的高度自信，已成为社会主义核心价值体系的重要组成部分。进入新时代，我们要深刻领会劳模精神的丰富意蕴，大力弘扬劳模精神，推动全社会形成尊重劳动、崇尚劳动的良好风尚。

（一）劳模精神是马克思主义劳动观的生动体现

马克思主义劳动观主要包括劳动本质论、劳动价值论、劳动解放论。马克思认为，在人从自然界分化出来演化成自然人再成为社会人的过程中，劳动发挥着决定性的作用。劳动不仅创造了人与自然之间的关系，还形成了人与人之间的关系（即劳动资料的占有和使用关系，劳动的分工和协作关系，劳动产品的交换、分配和消费关系等）、人与主观意识之间的关系。社会主义制度下的劳动真正体现了劳动者的自主性，劳动不再是异化的、外在的、脱离了人的本性的东西。劳动者通过自己的劳动实现人生价值，在劳动中感受幸福，这为劳模精神的产生与发展提供了重要土壤。

马克思主义劳动观全面、深刻地阐述了劳动在人类社会发展史上的决定性作用，为我们继承和弘扬劳模精神提供了理论支撑。

（二）劳模精神是我国优秀传统劳动文化的结晶

中国人民劳动精神的形成与劳动人民的生活、生产实践，以及中华民族崇尚劳动的传统文化密不可分。中国传统文化一向推崇对劳动实践的认同、对劳动精神的传承、对劳动文化的传播。远古时代，钻木取火、神农氏教民稼穑（sè）、大禹治水的劳动故事广为流传。明朝时期，宋应星所著的《天工开物》（见图 2-5）较全面、系统地记述了中国古代农业和手工业的生产技术及经验，集中体现了古代劳动人民在自然科学、工业制造等方面的劳动创造和发明成就。

图 2-5　《天工开物》

中华儿女用辛勤的劳动创造了中国灿烂的历史文化，培养了中国人朴实、勤奋的优秀品质。这一品质始终贯穿于社会生产实践中，不断推动生产力进一步发展。

我国优秀的传统劳动文化为劳模精神的形成注入了民族文化基因，让劳模精神成为创造民族辉煌的根本力量和推动民族继续向前发展的精神支柱。同时，劳模精神又是对中华优秀传统文化中生生不息的崇劳厚生精神因子的继承与阐发。

知识链接

《天工开物》

宋应星通过实地观察研究，对古代的生产技术成就进行了总结，编写了《天工开物》。《天工开物》分三编，上编包括谷类和棉麻栽培，养蚕，缫丝，染料，食品加工，制盐，制糖等；中编包括制造砖瓦、陶瓷、钢铁器具，建造舟车，采炼石灰、煤炭、燔石、硫黄，榨油，制烛，造纸等；下编包括五金开采及冶炼，兵器、火药、朱墨、颜料、曲药的制造和珠玉采琢等。

《天工开物》对原料的品种、用量、产地、工具构造和生产加工的操作过程等记载都很详细，具有重要的科学价值。

（三）劳模精神植根于中国共产党领导中国人民的长期奋斗实践

劳模精神是中国共产党在长期革命、建设、改革实践中形成的宝贵精神财富，源于为人民谋幸福、为民族谋复兴的初心和使命。

新民主主义革命时期，一批批劳动模范在引领和发展革命根据地社会经济建设中发挥了巨大的示范带头作用，为革命取得最后胜利奠定了扎实的社会基础。社会主义建设时期，劳动模范以无私奉献、团结苦干的精神积极投身于经济建设中，对引导广大人民群众集中精力恢复和发展国民经济、树立正确的社会主义劳动观念起到重要的推动作用。改革开放以来，广大劳动群众不仅发扬吃苦耐劳、艰苦奋斗的精神，更是在开拓创新、苦干实干中创造了中国奇迹，业务精湛、技术卓越、锐意进取、敢为人先的劳动模范形象也更加深入人心。

进入新时代，在中国共产党的领导下，中国人民以实干兴邦的劳动精神，继续谱写中国特色社会主义伟大事业的新篇章，使得劳模精神、劳动精神、工匠精神成为社会热词，“劳动最光荣、劳动最伟大、劳动最崇高、劳动最美丽”成为时代强音。

（四）劳模精神是社会主义核心价值观的生动诠释

劳模精神是社会主义核心价值观的生动诠释，是建设社会主义事业的宝贵精神财富和强大精神力量。劳模精神与社会主义核心价值观在文化传承、价值引领、爱国教育、道德培养等方面高度契合。在新时代，劳模精神引领着广大劳动群众以“爱国、敬业、诚信、友善”为行为准则，以“自由、平等、公正、法治”为价值取向，以“富强、民主、文明、和谐”为奋斗目标，将个人发展融入国家发展的时代潮流中，为实现人生价值而努力奋斗。

第三节 让劳模精神在新时代熠熠生辉

一、在新时代弘扬劳模精神的现实意义

新时代是奋斗者的时代，实现“两个一百年”奋斗目标和中华民族伟大复兴的中国梦，离不开全体劳动者的共同努力，离不开伟大劳模精神的指引。在新时代，弘扬劳模精神具有特别的现实意义，具体如下。

（一）凝聚建功新时代的磅礴力量

劳动模范是“干出新时代”的排头兵，是践行“实干兴邦”的楷模。劳动模范身上所体现的劳模精神激励着广大劳动群众争做新时代的奋斗者。在新时代大力弘扬劳模精神，有利于充分调动广大劳动群众的积极性、主动性和创造性，让实干担当在新时代蔚然成风，让改革创新在新时代焕发活力，让精益求精在新时代落地生根，从而为建功新时代、实现中国梦凝聚起磅礴的中国力量。

（二）推进新时代产业工人队伍建设

推进产业工人队伍建设，是实施制造强国战略、全面提高产业工人素质的重要举措。在我国产业转型升级的过程中，广大产业工人，尤其是大批劳动模范，积极参与到生产建设、技术升级、产业转型的各条战线中，以艰苦卓绝的劳动创造了中国速度，铸造了中国质量，充分体现了产业工人的先进性，彰显了中国特色社会主义制度的显著优势。

在新时代大力弘扬劳模精神，充分发挥劳动模范的示范带头作用和价值引领作用，有利于培养更多劳动模范、大国工匠，打造一支有理想、守信念、懂技术、会创新、敢担当、讲奉献的产业工人队伍，建设知识型、技能型、创新型劳动者大军。

（三）昭示新时代劳动教育的价值取向

我国正处于实现中华民族伟大复兴的关键时期，从全面建成小康社会到基本实现社会主义现代化，再到全面建成社会主义现代化强国，归根到底要靠辛勤劳动、诚实劳动、创造性劳动，因此，在全社会弘扬劳模精神显得尤为重要。

劳模精神昭示着新时代劳动教育的价值取向。在新时代，通过宣传劳动模范的先进事迹和优秀品质来弘扬劳模精神，有利于引导劳动者明白劳动最光荣、劳动最崇高、劳动最伟大、劳动最美丽的道理，自觉培养辛勤劳动、诚实劳动、创造性劳动的精神气质。

二、在学习和工作中践行劳模精神

在劳模精神中，爱岗敬业是本分，争创一流是追求，艰苦奋斗是作风，勇于创新是使命，淡泊名利是境界，甘于奉献是修为。守本分、有追求、讲作风、担使命、有境界、有修为，是每一位劳动模范的精神风范，更是每一位劳动者应具备的精神品质。

（一）在学习中践行劳模精神

学校是培养德智体美劳全面发展的社会主义建设者和接班人的重要阵地，应将劳模精神融入立德树人全过程，让学生有机会近距离接触劳动模范、聆听有关劳动模范的故事、感受劳模精神；应充分发挥劳动模范先进事迹和优秀品质的感召作用，引导学生勤奋学习、勤于钻研、勤勉敬业，自觉践行劳模精神。

学生在学习中践行劳模精神，应做到刻苦钻研、不畏艰苦，孜孜不倦地学习科学文化知识，勇于探索，积极参加实践活动，不断提高理论知识水平和实际操作能力，不断丰富自己的精神世界，不断改造自己的世界观、人生观和价值观。

（二）在工作中践行劳模精神

学生进入社会后，在工作中应践行劳模精神，做到学习劳动模范的工作态度、工作作风、工作方式，培育正确的劳动情怀和劳动观念，自力更生、奋发图强、不怕困难、不畏艰险，努力完成各项工作任务。

时代楷模

玩转智慧农业 点燃兴农梦想

贺斌，1984 年出生，是江西省萍乡市莲花县升坊镇太岭村人。2000 年，贺斌考上了江西财经大学通信工程专业。2004 年大学毕业后，贺斌先后在北京、上海的科研机构、通信企业工作，是一位名副其实的都市白领。

每次回家探亲，看到村里的人越来越少，荒地越来越多，贺斌的心里就很不是滋味。2013 年初，贺斌果断辞去工作回乡，和同学一起创办莲花县梦莲农业专业合作社，自己担任技术员。从农村到城市，从城市回到农村，贺斌开始了创业之路。

农民并不好当。莲花县梦莲农业专业合作社开展的第一项业务——草鱼养殖，就给了贺斌一个下马威：一是山里鸟儿多，很多鱼苗被鸟儿吃了；二是贺斌不太懂技术，给鱼除寄生虫时用药过多，造成鱼苗大量死亡。

不气馁、不退缩，贺斌不断从失败中吸取教训。看书学习、聘请专家、外出交流、钻研技术，贺斌把精力放在了科技创新上。开发数字化 GPS 羊群管理系统，使用 PLC 编程控制器实现大棚自动灌溉，将报废的消毒柜改装成数字化恒温柜以提高蔬菜出苗率，利用 LED 补光及加热辐射技术解决鸡鸭苗御寒脱温问题，将报废的洗衣机改装成定时喂料机……一系列高科技种养方式的推出，使贺斌成为当地新型职业农民的代表。

截至 2020 年 10 月，莲花县梦莲农业专业合作社已累计带动 96 户农户发展种植养殖产业，累计帮助 31 户农户平均每年增收万元以上。贺斌先后被评为“萍乡市劳动模范”“江西省农村青年致富带头人”“江西省劳动模范”等。

探究与分享

请结合自身情况，谈谈你将如何在学习中践行劳模精神。

实践活动

采访劳动模范，讲述劳模故事

劳动模范是民族的精英、人民的楷模、共和国的功臣。为了让学生更直接地接触劳动模范，感受并学习他们身上所具有的劳模精神，班级举办“采访劳动模范，讲述劳模故事”主题活动。

5～6 人为一组，各小组分别选择一名劳动模范作为采访对象，了解该劳动模范的主要事迹，询问劳动模范对其工作的看法和对劳模精神的感悟。各小组确定好采访对象后，根据采访对象的身份、职业等信息，合理设计采访问题和采访流程，有序开展采访活动，编写采访记录，最后在课堂上分享该劳动模范的故事和自己对劳模精神的理解。

活动记录

采访对象简介：

采访问题：

采访流程：

采访记录：

活动评价

老师可参考表 2-1 对学生在实践活动中的表现进行评价。

表 2-1　实践活动评价表

评价标准	分值	分数小计	老师评价
活动准备工作做得充分，活动记录填写完整	10		
采访问题设计合理，能够突出劳模精神的核心内涵	20		
采访流程安排合理，能够有序开展采访活动	20		
能够与劳动模范深入交流，发现并学习劳动模范身上的优点	30		
能声情并茂地分享采访记录	20		
总　计	100		

第三章 传承工匠精神，培育时代新人

中国有着历史悠久的工匠文化，工匠是中华民族科学技术和文化艺术发展的重要推动力。独具匠心、匠心独运、别出心裁等成语都体现了古人对工匠精神的推崇。工匠身上所体现的工匠精神是中华民族优秀传统文化的重要组成部分。

在新时代，工匠精神有了新的内涵和意义。“执着专注、精益求精、一丝不苟、追求卓越”，这16个字生动概括了工匠精神的深刻内涵，让工匠精神在新时代焕发出强大活力，激励着无数劳动者为成为新时代的大国工匠而努力奋斗。

知识目标

- ✧ 了解工匠的含义、工匠精神的形成与发展。
- ✧ 理解工匠精神的内涵。
- ✧ 领悟工匠精神的时代价值。
- ✧ 学会在实践中传承工匠精神。

素质目标

- ✧ 通过学习纪昌学射、李春造桥的故事，向我国杰出的历史人物学习，坚定民族自信心。
- ✧ 通过学习梁兵、胡明富等大国工匠的事迹，培养执着专注、精益求精、一丝不苟、追求卓越的工匠精神。
- ✧ 通过学习“《中国制造 2025》的战略目标”，了解我国制造强国建设的宏伟蓝图，走技能成才、技能报国之路，为我国实现制造强国的战略目标贡献力量。

课堂引例

人大代表提议设立“工匠日”

在2020年“两会”期间，一位全国人大代表提议设立“工匠日”。他说：“设立‘工匠日’，倡导工匠精神，可以激发人们对职业精神的敬仰、对工作的执着、对产品的责任感，带动中国制造业走向高端，促使中国从‘制造大国’变为‘制造强国’。”

该人大代表说，如果将人才结构比作金字塔，支撑金字塔的最坚实的塔基就是规模最大、行业覆盖范围最广的技能型人才。设立“工匠日”有助于形成社会共识，弘扬工匠精神，打造领先世界的中国质量，擦亮中国制造品牌。

想一想

（1）你如何看待该人大代表关于设立“工匠日”的提议？

（2）什么是工匠精神？结合你的经历谈谈你对工匠精神的理解。

（3）学生应怎样传承工匠精神？

第一节　工匠与工匠精神

一、什么是工匠

中国作为四大文明古国之一，在很久以前就出现了工匠这一群体。在中国古代，工匠主要是指以熟练掌握某一门手工技艺为谋生手段的群体，如木匠、石匠、铁匠、染匠、裁缝、剃头匠等。

我国对于工匠的记载可以追溯到春秋战国时期，《周礼·考工记》记载：“百工之事，皆圣人之作也。烁金以为刃，凝土以为器，作车以行陆，作舟以行水，此皆圣人之所作也。”由此可见，在当时，多才多艺的能工巧匠被人们当作“圣人”来对待。在我国的历史长河中，出现了许多著名的工匠（如鲁班、欧冶子、陆子冈等），并流传下来许多与工匠相关的故事和传说（如庖丁解牛、鲁班造锯等）。

到了现代，随着机械化生产的推广，传统工匠赖以生存的手工业逐渐衰退，但是他们所传承的技艺仍然备受人们推崇。江西贵溪錾铜雕刻技艺非物质文化遗产传承人黄俊军几十年如一日地精心雕刻铜器（见图3-1），他在吸收传统铜雕技术的基础上，经过长期的探索和创新，逐渐形成了自己特有的錾雕技法，使雕刻出来的作品既满足现代生活所需，又不失传统手工錾铜之美，既传承了古典金属装饰艺术的时代风格，又体现了当今社会的美学追求。

在新时代，所有专注于某一领域、全身心投入，以精益求精、一丝不苟的态度完成生产工作的人都可被称为工匠。他们有技术，有理想，有担当，他们分布在社会主义建设事业的各行各业中。我们每个人都具备成长为工匠的潜质，但要想成为真正出色的工匠，就必须具备一个核心要素——工匠精神。

图 3-1　黄俊军正在雕刻铜器

二、工匠精神的形成与发展

随着人类社会的发展，工匠精神也在不断地变化和发展。

（一）工匠精神的形成

工匠精神的形成与传统手工业的发展密不可分。在传统的手工业生产中，工匠往往需要独自完成产品的设计、制造、质检等工作，对自己所制造的产品负全责。如果产品存在质量问题或难以满足消费者的要求，工匠就很难通过手艺谋得生存。因此，对产品质量的严格要求和对创新设计的执着追求是这一时期工匠精神的核心特征。

春秋时期的铸剑大师欧冶子一生以铸剑为业，因铸剑技艺高超而多次被越王、楚王要求铸剑，铸有湛卢剑、纯钧剑、胜邪剑、鱼肠剑、巨阙剑等，这些剑都是削铁如泥的稀世宝剑。在春秋时期铸成的越王勾践剑（见图 3-2）虽历经千年，但出土时仍然完好无损、锋刃锐利、寒光四射，可见当时工匠的铸剑技艺之高超。

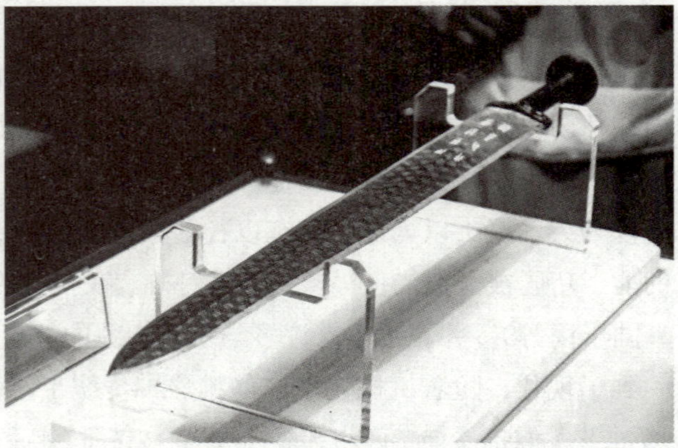

图 3-2　越王勾践剑

在古代，一名工匠终其一生可能就只从事一项工作、钻研一门技艺，所以执着专注、精益求精是这一时期工匠精神的重要内容。在这一阶段，工匠传授技艺的主要方式是学徒制。师傅在传授技艺、经验的同时，也会把行规等传授给徒弟，工匠精神也由此得以代代相传。

（二）工匠精神的发展

在工业革命爆发后，传统的手工业生产受到大规模机械化生产的冲击。在机械化生产中，流水线上的工人（见图 3-3）只负责某一个生产环节，不再参与生产的全过程，不必对产品质量负全责，因此他们缺乏精益求精的工作态度和追求创新的动力，也不再推崇工匠精神。在这种背景下，工匠精神的发展受到了限制。

图 3-3　流水线上的工人

随着第三次科技革命的到来，生产的自动化程度不断提高，市场环境的特点也发生了重大变化。在新的时代背景下，消费者的个性化需求越来越强烈，整个社会对产品质量和产品创新的要求越来越高，也越来越推崇精益求精、追求卓越等价值理念，这让工匠精神得以重新焕发生机。越来越多的学校通过开展劳动教育来弘扬工匠精神，将工匠精神融入人才培养的全过程，让学生在学习知识和技能的同时，深刻理解工匠精神的内涵，从工匠精神中汲取强大的精神力量，从而不断突破自我、追求卓越。

第二节　工匠精神的内涵

我国自古就有尊崇工匠精神的优良传统。古代工匠们在实践过程中，不断创新产品和技术，使我国精美的瓷器（见图 3-4）、丝绸、玉器、青铜器（见图 3-5）、漆器等享誉世界。在长期的实践中，广大劳动者培育形成了“执着专注、精益求精、一丝不苟、追求卓越”的工匠精神。

图 3-4　瓷器

图 3-5　青铜器

一、执着专注

执着专注是一种锲而不舍的工作态度，也是一种埋头苦干的工作习惯。人的精力是有限的，将有限的精力投入一个领域，干一行、爱一行、钻一行，才能最大限度地发挥个人潜力，成就一番伟业。对个人而言，执着专注就是沉下心来做好自己的工作，耐心、细心、专注地完成每一项工作任务。劳动者只有将执着融入血脉，将专注刻入灵魂，才能在平凡的岗位上建功立业。

相传，古时候有位十分善于射箭的大师，名叫飞卫。纪昌想向他学习射箭，飞卫说："你要想学习射箭，首先应该下功夫练眼力。你要牢牢地盯住一个目标，不能眨眼！"于是，纪昌回到家里，仰卧在妻子的织布机下，睁大眼睛，死死盯住织布机的踏板。两年后，即使锋利的锥尖要刺到他的眼角了，他的眼睛也不眨一下。纪昌把自己练习的情况告诉了飞卫，飞卫对他说："虽然你已经取得了不小的成绩，但你的眼力还不够。你要练到把极小的东西看得很大，把模糊难辨的东西看得很清楚，那时候再来见我。"于是，纪昌用一根牛尾毛拴住一只虱子，把它吊在窗口，然后每天站在虱子旁边，聚精会神地盯着它。那只虱子在纪昌眼里一天天大起来，练到最后，大得竟然像车轮一样。这时，飞卫才开始教纪昌怎样开弓，怎样放箭。后来，纪昌成了百发百中的射箭能手。

《纪昌学射》的故事生动、形象地告诉我们，要想有精湛的技艺，就要执着专注、持之以恒、心无旁骛地勤学苦练，在长期的实践中积累经验。

二、精益求精

精益求精是一种对学问和技艺的极致追求。劳动者要有一颗进取之心，不骄傲、不满足、不凑合，不断寻求技艺的突破，不断提高产品质量。

对于国家而言，精益求精的工匠精神不仅影响着劳动者的工作态度、思维方式、精神面貌和综合素质，还影响着高端制造行业的发展。小到一枚螺丝钉、一根电缆的制作，大到飞机、高铁（见图 3-6）等大国重器的锻造，无不展现出严谨执着、追求完美、精益求精的匠心。正是一代代追求极致的劳动者将精益求精的工匠精神内化于心、外化于行，我国才从一个基础薄弱、工业水平相对落后的国家，成长为世界制造强国。

图 3-6　高铁

对于个人和企业而言，以高标准严格要求自己，注重产品的细节，不断提高产品质量、创新技术，才能制造出一流的产品，形成独特的核心竞争力。“80 后”大国工匠陈亮在无锡微研股份有限公司负责加工工业模具。在工业模具加工领域，分毫之差决定着产品的品质甚至产品的成败。陈亮制作的工业模具，误差可控制在 1 微米之内。他给自己制订了一条工作准则：再仔细一点儿，离 1 微米的精度就能更近一点儿。因为追求精益求精，陈亮带领团队先后获得了多项发明专利。

探究与分享

（1）你怎样理解精益求精？

（2）我国历史上有哪些关于精益求精的故事？请与同学们分享。

三、一丝不苟

一丝不苟是指做事认真，不放过任何一个细节，具体表现为认真负责、严谨细致、注重细节、心无旁骛的工作态度。劳动者只有在工作中坚持一丝不苟，认真处理好所有细节，不出任何错漏，才能圆满完成工作任务。

随着物质水平的提高，人们对产品精度的要求越来越高，有些甚至达到了苛刻的程度。这就要求劳动者始终保持一丝不苟的工作态度，认真核查每一个细节，不留任何隐患，才能高质量地完成本职工作。

中国航空工业集团有限公司（以下简称“中航工业”）的钳工方文墨为歼 15 舰载机加工高精度零件。在教科书上，手工锉削精度的极限是千分之十毫米，而方文墨加工的精度达到了千分之三毫米，这是数控机床都很难达到的精度。中航工业将这一精度命名为“文墨精度”。

四、追求卓越

追求卓越是指因不满足现有的成就而向更高的目标发起冲击，不断追求突破和创新。无论是在传统农耕社会，还是在现代工业化社会，扎实的专业知识、精湛的专业技艺都是工匠安身立命之根本，不断超越自我、勇攀行业顶峰是工匠的毕生追求。劳动者不能因为自己取得的一点成就就沾沾自喜、不思进取，而应始终保持积极进取、追求极致的态度，在实践中不断超越自我、积极创新。

追求卓越是工匠的价值追求，他们以技能报国的信念和与时俱进的创新精神铸就人生辉煌。大国工匠徐立平精雕细琢火药药面，将误差从 0.5 毫米缩小到 0.2 毫米，从实践中不断吸取经验，设计发明了 20 多种药面整形刀具，为我国的航天事业贡献了自己的毕生才智，无愧于大国工匠的称号。

器物有形，匠心无界。工匠精神不仅存在于制造业，也存在于服务业；不仅存在于物质生产领域，也存在于精神生产领域。无论从事什么劳动，都要干一行、爱一行、钻一行。在工厂车间，就要精心打磨每一个零件，生产优质的产品；在田间地头，就要精心耕作，努力获得丰收；在商场店铺，就要笑迎天下客，努力提供优质的服务。

大国工匠

匠心筑梦　谱写强军报国华章

2020 年 11 月 24 日，中国兵器工业集团河南平原光电有限公司（以下简称“平原光电”）数控加工中心高级技师梁兵，在北京人民大会堂参加了全国劳动模范和先进工作者表彰大会，并被评为“全国劳动模范”。

自 1993 年入职平原光电以来，梁兵在数控技能操作岗位上刻苦钻研技术，熟练掌握了一系列复杂零件的加工工艺，逐渐从一名普通技校毕业生成长为中国兵器工业集团首席技师、国家级技能大师。在微米级的高精度加工要求下，梁兵还练成了一套通过触摸按压和聆听声音来感知零件之间贴合度的高超技艺。多年来，经过他精加工的零件有上千种，出厂合格率为 100%。因此，经过他精加工的零件被同事称为“免检产品”。

梁兵满怀“劳动筑梦、岗位奉献”的美好初心，把练就高超的技艺融入“建功发展、强军报国”的光荣使命中，先后参与了多项国家重点型号武器装备和集团重点产品的生产制造，总结摸索出了多项数控加工绝技，攻克了生产加工中的许多技术难题，为国防建设和集团发展做出了突出贡献。

第三节　领悟工匠精神的时代价值

工匠精神对促进国家、企业和个人的发展具有重要意义。学生应从国家、企业、个人这三个方面领悟工匠精神的时代价值，深刻理解工匠精神的重要性，自觉成为工匠精神的传承者和践行者。

一、工匠精神是中国制造前行的精神源泉

制造业是国民经济的主体，是立国之本、兴国之器、强国之基。改革开放以来，我国制造业持续、快速发展，形成了门类齐全、独立完整的产业链，有力地推动了工业化和现代化进程。然而，与世界先进水平相比，我国制造业在自主创新能力、资源利用效率、产业结构水平、信息化程度、质量效益等方面仍有不足。

为完成从“中国制造”向“中国创造”的转变，2015 年 5 月，国务院印发《中国制造 2025》，提出了我国实施制造强国战略第一个十年的行动纲领。为了实现《中国制造 2025》战略目标，必须在全社会大力弘扬工匠精神。只有将执着专注、精益求精、一丝不苟、追求卓越的工匠精神融入设计、生产、经营的每个环节，实现由“重量”到“重质”的转变，中国制造才能赢得未来。

政策引领

《中国制造 2025》的战略目标

《中国制造 2025》提出力争通过“三步走”实现制造强国的战略目标。

第一步：力争用十年时间，迈入制造强国行列。到 2020 年，基本实现工业化，制造业大国地位

进一步巩固，制造业信息化水平大幅提升。掌握一批重点领域关键核心技术，优势领域竞争力进一步增强，产品质量有较大提高。制造业数字化、网络化、智能化取得明显进展。重点行业单位工业增加值能耗、物耗及污染物排放明显下降。

到 2025 年，制造业整体素质大幅提升，创新能力显著增强，全员劳动生产率明显提高，两化（工业化和信息化）融合迈上新台阶。重点行业单位工业增加值能耗、物耗及污染物排放达到世界先进水平。形成一批具有较强国际竞争力的跨国公司和产业集群，在全球产业分工和价值链中的地位明显提升。

第二步：到 2035 年，我国制造业整体达到世界制造强国阵营中等水平。创新能力大幅提升，重点领域发展取得重大突破，整体竞争力明显增强，优势行业形成全球创新引领能力，全面实现工业化。

第三步：中华人民共和国成立一百年时，制造业大国地位更加巩固，综合实力进入世界制造强国前列。制造业主要领域具有创新引领能力和明显竞争优势，建成全球领先的技术体系和产业体系。

二、工匠精神是企业竞争发展的品牌资产

在产品功能和价格相近的情况下，人们总是倾向于购买那些耳熟能详、口碑良好的企业所提供的产品。因此，企业越来越重视良好的品牌形象所带来的潜在的、无形的、动态的商业价值。将品牌形象作为一种竞争资本来经营，可以有效提高企业的市场竞争力。

在塑造企业品牌形象、创造品牌资产的过程中，工匠精神起到了十分重要的作用。工匠精神可以体现企业品牌的内涵，给客户以高质量、高标准的印象，有利于提高企业的知名度和美誉度，增强客户黏性，促进企业品牌增值。例如，曹德旺创办的福耀玻璃工业集团股份有限公司（以下简称“福耀玻璃”）在工匠精神的引领下，几十年如一日，专注于汽车玻璃制造，现在已经成为世界知名的汽车玻璃供应商，其产品质量和生产技术都处于世界顶尖水平，福耀玻璃也成了名副其实的“金字招牌”。图 3-7 是福耀玻璃的生产车间。

图 3-7　福耀玻璃的生产车间

三、工匠精神是个人职业成功的法宝

工匠精神作为一种职业精神，是劳动者提升个人精神境界、提高个人职业素养、实现个人成长进步的重要指引。积极践行和弘扬工匠精神，是劳动者立足职场的重要条件。

劳动者要想轻松迈过企业对技术工人的招聘门槛，必须具备丰富的专业知识和熟练的操作技能。这就要求劳动者必须在学习和工作中坚持执着专注、精益求精、一丝不苟、追求卓越的工匠精神，注重思考和创新，不断丰富自己的专业知识，提高自己的工作能力。

无论从事什么劳动，劳动者都要以勤学长知识、以苦干练技术、以创新求突破，努力成为知识型、技能型、创新型劳动者。劳动者只要积极践行工匠精神，肯学肯干肯钻研，练就一身真本领，掌握一手好技术，就能立足岗位成长成才，就能在劳动中发现广阔的天地，在劳动中体现价值、展现风采、感受快乐。

大国工匠

“天汉工匠”胡明富

胡明富是陕西省省级非物质文化遗产镇巴宣纸传统造纸技艺的代表性传承人，他长期致力于镇巴宣纸的传承和发展，经过几十年的潜心研发和科学试验，取得了多项国家宣纸新技术专利。2019 年，胡明富被评选为汉中市首届“天汉工匠”。

陕西省汉中市镇巴县民间造纸的历史已有 1 500 多年。作为镇巴土法造纸手工技艺的第 6 代传人，胡明富在 2014 年创建了镇巴县胡氏宣纸文化传播有限公司，建成了镇巴宣纸文化产业园。通过改进传统宣纸的生产工艺，胡明富组建了宣纸生产线，对胡氏秦宝宣纸进行规模化生产和销售。同时，他还开展了一系列文化教育活动来传播宣纸工艺，保护这项非物质文化遗产。

2021 年，胡明富的公司可生产 3 大类 80 多个品种的宣纸，宣纸年产量可达 20 余吨，年销售额超过 2 千万元。同时，胡明富还通过提供免费的造纸技艺培训，让当地群众掌握了造纸工艺，带动了当地群众就业和增收，擦亮了镇巴县宣纸文化的“金字招牌”。

第四节 以工匠精神培育时代新人

伟大的梦想需要伟大的精神作为支撑。实现中华民族的伟大复兴，需要我们大力弘扬工匠精神，以干一行、爱一行的执着专注，重细节、求完美的精益求精，偏毫厘不敢安的一丝不苟，立守正、求创新的卓越追求，一步一个脚印，立足岗位成长成才。

弘扬工匠精神，可以从思想和行动两方面入手，具体包括重新审视工匠的作用与地位、在实践中传承工匠精神。

一、重新审视工匠的作用与地位

一些人错误地认为工匠只是技术工人，难登大雅之堂。这是因为这些人没有认识到工匠在人类文明发展史上的重要作用，更没有认识到工匠精神对一个民族和国家的深远影响。

我国古代的鲁班、欧冶子、李春、陆子冈等能工巧匠凭借自身高超的技艺和卓越的成就名垂青史，他们身上体现出来的工匠精神在几千年后依然被人们所传颂，激励着一代代中华儿女前行。到了现代，那些在平凡岗位上钻研技术、攻克难关的工匠以身作则，向青年一代展现了工匠精神的含义，为青年觉醒和奋斗提供了源源不断的精神力量。

学生应重新审视并正确认识工匠的作用与地位，尊重各行各业的劳动者，学习他们精湛的技艺和高尚的职业道德，从工匠精神中汲取力量，不断完善自我，努力成为合格的社会主义建设者和接班人。

源远流长

千年前的桥梁工匠——李春

李春是我国隋代著名的桥梁工匠，举世闻名的赵州桥（见图 3-8）就是他最伟大的杰作之一。李春在修建赵州桥时，创造性地采用了敞肩圆弧拱式桥梁设计，达到了降低桥面高度、增加桥梁跨度的双重目的，使赵州桥既便于排洪，又节省材料，而且美观。赵州桥的建成，开创了我国桥梁建造的崭新局面。

图 3-8　赵州桥

赵州桥素有“坦途箭直千人过，驿使驰驱万国通”的美誉。船舶在桥下航行，车马从桥上驶过，赵州桥为洨河两岸的交通运输提供了便利条件。赵州桥建成至今已有 1 400 多年，承受了无数人、畜、车辆的重压，经历了 8 次以上地震和 8 次以上战争的考验，饱经风霜却仍然屹立在洨河上。

中华人民共和国成立后，赵州桥被列为全国重点文物保护单位，有关部门对这一古代大桥进行了彻底维修。赵州桥是中华民族智慧的象征，李春所展现出来的工匠精神，也成为民族精神的重要组成部分。

二、在实践中传承工匠精神

我们身边总有一些人，他们执着专注、精益求精、一丝不苟、追求卓越，严格要求自己，对产品精雕细琢，他们在实践中不断传承并发扬工匠精神，不断为工匠精神注入新的内涵。例如，一生清贫、只守一架琴的巫漪丽；坚持20多年，潜心钻研铁轨机械的信恒均；在故宫里考证十年，修复两年，让古钟重新运转的王津；等等。他们都是工匠精神的传人，都是值得我们学习的大国工匠。

我们应向这些大国工匠看齐，学习他们身上优良的工作作风，通过参加校园劳动、社会实践活动等，不断探索、创新，培养吃苦耐劳精神和奉献精神，树立正确的职业观念，切实传承工匠精神。

大国工匠

管延安："深海钳工"第一人

中国"深海钳工"第一人、全国五一劳动奖章获得者、全国技术能手、全国职业道德建设标兵、全国最美职工、中国质量工匠、大国工匠、齐鲁大工匠……一系列沉甸甸的荣誉集于一身的，正是中交一航局第二工程有限公司总技师管延安。

追求卓越：毫米之间见匠心

管延安出生在农村，1995年初中毕业后，跟随亲戚来到青岛当钳工学徒。从那时起，他就发现自己对机械维护、设备安装等工作特别感兴趣。他要求自己"干一行、爱一行、钻一行"，在工作之余勤学苦练，遇到不懂的就请教他人，或者从书中寻求答案。久而久之，管延安练就了一身过硬的本领。

2013年，管延安受命前往珠海牛头岛，带领钳工团队参与建设港珠澳大桥岛隧工程。长达5.6千米的外海沉管隧道由33节巨型沉管连接而成，在最深40米的海底实现厘米级精确对接，在业内人士看来，其难度丝毫不亚于"神舟九号"与"天宫一号"的对接。

管延安和他的团队虽然此前参与过前湾港（见图3-9）、青岛北海船厂等大型工程的建设，有着丰富的工程建设经验，但是面对港珠澳大桥所采用的大量高科技、新工艺，以及120年使用寿命的高质量要求，管延安还是从零开始虚心学习，不断积累经验。

图3-9　前湾港

管延安的一项工作是负责安装沉管阀门的螺丝。如果在陆地上作业，只要拧紧螺丝就够了。但要在深海中完成两节沉管的精准对接，确保隧道不渗水、不漏水，沉管接缝处的间隙必须小于 1 毫米。1 毫米的间隙，根本无法用肉眼判断。管延安硬是通过一次次的拆卸练习，凭着“手感”创下了间隙小于 1 毫米的奇迹。在一次次的重复操作中，管延安还练就了“听感”，通过敲击螺丝发出的声音，判断其安装是否合乎标准。他也因此获得中国“深海钳工第一人”的美誉。

精益求精：安装 60 多万颗螺丝“零失误”

管延安工作认真是出了名的。以蝶阀安装为例，安装前，管延安要检查蝶阀和各个零部件三遍，安装后要再检查三遍，最后还要调试检验。在指导新人时，管延安常挂在嘴边的话是“再检查一遍”，强调最多的是“反复检查”。

正是凭着精益求精的工作态度，在参建港珠澳大桥的 5 年里，管延安和他的团队做到了手中拧过的 60 多万颗螺丝“零失误”。

不忘初心：带领团队研发创新

港珠澳大桥建成通车后，管延安回到青岛。中交一航局第二工程有限公司专门成立了“大国工匠管延安创新工作室”，管延安作为领衔人，与工作室成员一同从事沉管、船舶研究。

“津平 1”是目前世界上最大的外海抛石整平船，对该船 4 条 90 米高的桩腿进行润滑保养，一直是操作工人解决不了的难题。管延安带领团队攻关研讨，提出了自主研发润滑加油装置的思路，在船上攻关 1 个多月，成功研制出了桩腿齿轮喷淋加油润滑装置。这是一项涵盖了设备制造、技术创新和船机改造等不同业务的创新成果，总制造成本不到 3 万元，比采用引进德国设备的方案节省了 240 多万元。

尽管已经是中交一航局第二工程有限公司的总技师，但是管延安仍然忙碌在工作一线，平时最喜欢听的仍是机械加工声和锤子敲击声。在管延安看来，只有扎根一线，坚持精益求精的工作态度，技艺才能有所提高。

探究与分享

学生应该如何以自己的实际行动传承工匠精神？请谈谈你的想法。

实践活动

演话剧，颂匠心

中华民族自古以来就是一个极具匠心的民族，在漫长的历史长河中，出现了许多能工巧匠，也流传下来许多有趣的、发人深省的与工匠精神相关的故事。为了调动课堂气氛，寓教于乐，老师可让学生选择历史上的某一位著名工匠，让学生们扮演该工匠及其家人、朋友等，通过话剧的形式，再现该工匠的生活情景和工作情景，展现该工匠的刻苦钻研、辛勤劳作、执着专注、锐意创新等优秀品质。

在话剧表演结束后，参演学生编写参演感想，观剧学生编写观剧感想，简要说出自己对工匠精神的思考。

活动记录

著名工匠及其故事：

话剧剧本设计：

参演感想或观剧感想：

活动评价

老师可参考表 3-1 对学生在实践活动中的表现进行评价。

表 3-1 实践活动评价表

评价标准	分值	分数小计	老师评价
活动准备工作做得充分，活动记录填写完整	10		
剧本精良，情节设置巧妙	20		
表演生动形象，人物台词与所处时代相符	20		
能够在表演中突出工匠身上的优秀品质	30		
教育意义深刻，能够引起学生共鸣	20		
总 计	100		

第四章 弘扬职业精神，争做职场新秀

一些学生对职业道德、职业精神和劳动纪律没有清晰的认识，导致其在实习、就业过程中屡屡受挫，无法与同事友好相处，也无法保质保量地完成工作任务。接受良好的职业道德、职业精神和劳动纪律教育是学生提高职场适应能力的重要途径，也是劳动教育的重要内容。学生在实习和将来的工作中恪守职业道德，弘扬职业精神，遵守相关劳动纪律，才能赢得他人的尊敬，使自己的职业发展空间更加广阔。

知识目标

- ✧ 了解职业道德的基本要求和功能，明白如何做职业道德高尚的劳动者。
- ✧ 理解职业精神的内涵和构成要素，知道如何弘扬职业精神。
- ✧ 了解劳动纪律的内容和重要性，做到遵守劳动纪律。

素质目标

- ✧ 通过学习“徙木立信”“铡美案”等故事，传承中华民族诚实守信、办事公道的传统美德。
- ✧ 通过学习时代楷模李俊贤、“金耳朵”王学勇的事迹，培养敬业、乐业、勤业、精业的职业精神。

课堂引例

司机突发脑出血，昏迷前不忘停稳公交车

2020 年 6 月 22 日中午，正值通勤高峰期，河南周口 26 路公交车司机宋安平驾车行驶在七一路五一广场站附近。这里人流密集，来往车辆非常多。在行驶过程中，51 岁的宋安平感到身体不适，于是将车停稳，打开车门，摘下眼镜，往下拉了拉口罩，紧接着用右手拉起手刹，之后便倒在了自己的驾驶座上。在逐渐失去意识的过程中，他的右手始终没有离开手刹。随后，下车的乘客和路过的公交车司机赶忙拨打 120 急救电话，宋安平被送往医院急救。经过医生诊断，宋安平为脑干出血，随后被转移到神经重症监护室。由于病情严重，尽管医生竭力救治，宋安平最终还是离开了人世。

宋安平在即将失去意识的时候，还心系乘客和行人的安全，不忘拉住手刹，停稳公交车。许多人被宋安平高尚的职业道德和职业精神所感动，一些市民还自发组织悼念活动，纪念这位最美公交司机。

想一想

（1）什么是职业道德？职业道德有哪些作用？

（2）什么是职业精神？职业精神的构成要素有哪些？

第一节 恪守职业道德

一、职业道德的基本要求

职业道德是指劳动者在职业活动中应当遵循的道德规范和行业行为规范。它在职业活动中形成和发展，以调节职业活动中的道德关系和利益矛盾。职业道德是社会主义精神文明的重要组成部分，其基本要求是爱岗敬业、诚实守信、办事公道、服务群众、奉献社会。

（一）爱岗敬业

爱岗敬业是指热爱自己的本职工作，以认真、负责的态度对待工作，勤勤恳恳地履行岗位职责。爱岗敬业是职业道德的基础。劳动者只有热爱自己的岗位，才能克服懒惰思想，真正做到忠于职守、认真负责。一个把工作当成自己的事业来干的人，必定是一个热爱自己的岗位，忠于职守、勤奋好学、认真负责、刻苦钻研，不断提高专业技术水平的人。由此可见，爱岗和敬业互为前提，相辅相成。

提倡爱岗敬业，并不是要求人们终生只能从事一个行业，只能做一份工作，而是要求人们在工作中不断增长知识，锻炼能力，努力实现自身的全面发展。

劳动小贴士

敬业分为两种：一种是为谋生而敬业，这种敬业的道德因素较少，个人利益因素较多；另一种是劳动者真正认识到自己所从事的职业的意义，从而热爱职业，认真工作，在岗位上兢兢业业，这种敬业才是职业道德所倡导的。

（二）诚实守信

诚实守信是做人的基本准则，也是社会道德和职业道德的基本要求。诚实是指忠于事物的本来面貌，不隐瞒自己的真实思想，不掩饰自己的真实情感，不说谎，不作假；守信是指讲信用，守承诺，答应别人的事情一定努力做到。

源远流长

徙木立信

徙木立信的典故出自《史记·商君列传》，是商鞅开始变法时为取信于民而设计的一个小计策。

商鞅，卫国人，名鞅，复姓公孙。因战功封商（今陕西丹凤西北）、於（今河南西峡境）十五邑，号商君，故称商鞅。

商鞅喜欢刑名之学，曾在魏相公叔痤府中担任中庶子。公叔痤去世不久，商鞅听说秦孝公下令招募贤才，准备振兴秦穆公霸业，便从魏国投奔秦国。秦孝公任命商鞅为左庶长，并要求他制定改革法令。法令制定好后，商鞅担心百姓不相信新法的效力，便想出了一个“徙木立信”的小计策。

商鞅命人将一根三丈（即 10 米）长的木头立在国都市场南门外，然后招募能将其搬到北门的人，并承诺赏十两金子。百姓对此感到很奇怪，都不敢去搬木头。商鞅又下令：“能徙者予五十金。”这时，一个人出来将此木搬到北门（见图 4-1），商鞅果真给了他五十两金子。

图 4-1　徙木立信

商鞅用徙木立信的办法，取得了百姓的信任。之后，新法很快颁布并实施。新法颁布后，在秦国产生了重大影响，各项改革使得秦国国强民富、雄冠列国，秦孝公因此成为一世霸主。

虽然徙木立信的故事距今已十分久远，但其体现出来的诚实守信的精神仍是我们每个人都应当学习的。

（三）办事公道

办事公道是指在做事时要始终保持中立态度，对当事人不偏不倚，始终公平、公正地按照同一个标准和原则办事。办事公道主要包括公私分明、公平公正。其中，公私分明是指不利用自己手中的职权谋取私利，不损害集体利益和他人利益；公平公正是指在处理事情时始终保持中立态度，不偏不倚，不徇私情，不畏权贵。

古代被称为“包青天”“包公”的包拯，就是百姓心中廉洁公正、刚正不阿、铁面无私、英明决断的典型。与其相关的传说故事有“铡美案”“打龙袍”“包待制智斩鲁斋郎”“铡包勉”等，这些故事都被编为戏曲流传至今。戏曲中包青天的形象如图 4-2 所示。

图 4-2　戏曲中包青天的形象

知识链接

《铡美案》

《铡美案》又称《秦香莲》，是京剧、秦腔、豫剧等戏剧的经典剧目之一。在不同的戏剧中，《铡美案》的细节有所差异，但主要情节是一样的，具体如下：

北宋年间，秦香莲的丈夫陈世美进京赶考，一去三年，杳无音信。秦香莲久无陈世美音信，便带着一对儿女远涉千里进京寻夫。在京城，秦香莲惊闻丈夫早已中了状元，当了驸马，便闯入驸马府认夫。可陈世美贪图荣华富贵，狠心抛妻弃子，甚至将秦香莲撵出京城。秦香莲母子三人在前往开封府的途中，露宿一座荒废的庙宇，陈世美派武官韩琪跟踪至此，并要求韩琪杀秦香莲母子三人灭口。秦香莲向韩琪哭诉自己的不幸遭遇，韩琪听后十分同情，便让秦香莲母子赶紧离开。但韩琪自感无法交差，便自刎而死。秦香莲看到后悲愤交加，于是直奔开封府告状。包拯传秦香莲出庭做证，陈世美拔剑刺向秦香莲，包拯见人证物证俱在，便将陈世美押入大牢，判处死刑，使正义得以伸张。

《铡美案》表达了古代劳动人民对公平公正、清正廉洁、不畏权贵、铁面无私等优秀品质的赞美和推崇。

（四）服务群众

服务群众就是以群众的利益为出发点，为群众服务。尊重群众是服务群众的前提。在我国，人人都是为他人服务的主体，也是他人服务的对象。可以说，“我为人人，人人为我”是人类生存和发展的基础。全体劳动者通过劳动提供各种各样的产品和服务，从而满足人们的物质需求和精神需求，促进社会发展。参与社会劳动就是在为群众服务。从这个角度来说，服务群众是所有劳动者应当遵守的基本职业道德。

服务群众是职业行为的本质，是每个从业人士应尽的责任和义务。从业人员只有树立起为群众服务的职业思想和观念，才能在社会中站稳脚跟，在职业活动中更好地提高自己的能力。

（五）奉献社会

奉献社会就是积极、自觉地为社会做贡献。从业人员应该有奉献社会的精神，但是这并不是要求从业人员放弃个人利益来为社会做贡献，而是要求从业人员在工作中保持个人利益与社会利益相统一，在奉献社会的过程中找到幸福的支点，实现人生价值。

二、职业道德的功能

（一）调节人际关系

调节人际关系是职业道德最基本的功能。一方面，职业道德可以调节从业人员之间的关系，促使从业人员之间团结互助、齐心协力，共同为企业发展和社会进步贡献自己的力量。

另一方面，职业道德可以调节从业人员与服务对象之间的关系，促使从业人员热情、公正、认真地为服务对象提供优质服务，让服务对象感受到从业人员对自己的关心和尊重，从而改善从业人员与服务对象之间的关系。例如，医德崇高的医生处处为患者着想，对所有患者一视同仁，耐心解答患者的问题（见图 4-3），仔细地告知患者注意事项，用一颗仁爱之心对待患者，就可最大限度地避免医患纠纷的产生。

图 4-3　医生耐心解答患者的问题

（二）维护企业信誉

从业人员的职业道德会直接影响其所在企业在客户心中的形象。从业人员较高的职业道德水平是其所在企业产品质量和服务质量的保证。若从业人员的职业道德水平不高，该从业人员就不会以精益求精的态度生产产品，不会热情、周到地为客户服务，从而影响产品质量和客户的服务体验，降低企业的信誉。

对于从业人员而言，只有将职业道德内化为道德意识、道德情感，才能形成自觉的道德行为，进而达到较高的职业道德水平。任劳任怨、勤勤恳恳，几十年如一日默默在岗位上辛勤付出的老职工，他们严于律己，对待工作一丝不苟。以他们为榜样，向他们学习，久而久之，就能形成自觉的道德行为。从业人员在形成自觉的道德行为后，会以主人翁的态度对待自己的本职工作，以优质的产品和良好的态度服务客户，进而维护企业的良好形象。

（三）提高社会道德水平

职业道德是社会道德的主要内容，其内涵与社会主义核心价值观相符，都是引导人积极向上、弘扬社会正能量的重要文化力量。职业道德既影响个人对待工作的态度，又会在潜移默化中影响个人对待生活的态度。有良好职业道德的人，会将在工作中养成的良好品质和习惯带到生活中。在工作中认真负责、诚实守信的人，在生活中与其他人交往时，也会做到真诚待人、乐于助人。由此可见，弘扬职业道德能够提高社会道德水平。

浙江省丽水市缙云县七里乡大园村的陶岳贵曾是英勇的抗日战士，也是行走在田间地头并且服务乡邻的村支书。在退休后，他仍然坚持服务群众，20 多年如一日地义务为乡村留守老人理发。陶岳贵说，给别人理发，他感到很快乐，大家满意就是对他最好的回报。

三、做职业道德高尚的劳动者

（一）尊重服务对象，全心全意服务

从业人员应尊重服务对象，全心全意为其服务。具体来说，从业人员应做到以下几点：

（1）以服务对象的正当需求为出发点，全心全意为服务对象提供专业服务，最大限度地维护服务对象的合法权益。

（2）接纳且平等对待服务对象，不因民族、种族、性别、户籍、职业、宗教信仰、社会地位、受教育程度、身体状况、财产状况、居住期限等因素而区别对待服务对象。

（3）尊重服务对象的知情权，确保服务对象在接受服务的过程中，充分了解服务的相关情况。

（4）保护服务对象的隐私，对在服务过程中获取的信息资料予以保密。

（5）尊重和保障服务对象对与自身利益相关的事项进行选择的权利。

（6）不得利用与服务对象的专业关系谋取私人利益或其他不当利益，损害服务对象的合法权益。

（二）信任支持同事，促进共同成长

从业人员应信任支持同事，促进双方共同成长。具体来说，应做到以下几点：

（1）与同事建立平等互信的工作关系。

（2）在必要时协助同事为服务对象提供服务，主动与同事分享知识、经验、技能（见图 4-4），互相促进，共同成长。

（3）尊重同事的不同意见及工作方法。对于他人的建议、批评及工作中出现的冲突，应以积极、负责任的态度沟通和解决。

（4）相互督促支持，若同事出现违反专业要求的言行，应予以提醒；若同事受到与事实不符的投诉，应予以澄清。

图 4-4　主动与同事分享技能

（三）践行职业使命，与企业共发展

从业人员应践行职业使命，促进企业发展。具体来说，应做到以下几点：① 认同企业的使命和发展目标，遵守企业的各项规章制度，按照企业赋予的职责开展工作；② 主动维护企业的形象和声誉，在公开发表言论或进行公开活动时，应表明自己代表的是个人还是企业；③ 提高工作能力和服务质量，积极参与企业管理，与企业共同成长、共同发展。

（四）提高工作能力，维护职业形象

从业人员应努力提高自身工作能力，维护职业形象。具体来说，应做到以下几点：① 诚实、守信、认真、负责地为客户提供服务，积极维护职业形象；② 不断学习专业知识和技能，提高专业能力。

第二节　弘扬职业精神

一、职业精神的内涵

职业精神是与人们的职业活动紧密联系、具有职业特征的精神。职业精神的内涵主要包括敬业、乐业、勤业、精业四个方面。

（一）敬业

敬业是从业人员基于对职业的敬畏和热爱而产生的一种全身心投入的、尽职尽责的职业精神。敬业是一种美德、一种文化精神，是职业道德的集中体现，主要表现在精神活动和实践活动两个方面。

从精神活动方面来说，敬业集中体现在人们对待职业的态度上，具体表现为强烈的职业责任心、高度的职业荣誉感和自觉的职业尊严感。

（1）强烈的职业责任心。从某种意义上来说，敬业就是有责任心。从业人员有了强烈的责任心，就

会发挥自己的聪明才智，以坚韧不拔的意志去克服各种困难，保质保量完成工作任务。责任心强的人在工作中不推诿、不敷衍、不拖拉，在取得成绩时不居功自满，在出现过失时不推卸责任。

（2）高度的职业荣誉感。职业荣誉是指从业人员由于出色地完成工作任务而获得的公认的赞许和奖励。具有高度职业荣誉感的人必定热爱自己的职业，在工作中总是希望得到别人的肯定，因此他们会努力做好本职工作，即使在遇到挫折、失败或受人冷落、被人嘲笑时，也会振奋精神，深刻反思，吸取教训，继续前进。

（3）自觉的职业尊严感。职业尊严是从业人员对自己所从事职业的肯定，以及由此所产生的自尊心。职业尊严是存在于从业人员内心的一种道德力量，它能够促使人们在工作中表现出正直无私、忠于职守、敢于负责、勇于献身等优良品质。

从实践活动方面来说，敬业具体表现为人们在岗位上辛勤工作，始终保持高昂的工作热情，在工作中恪尽职守、精益求精、苦干实干，不断提高专业技能。

时代楷模

敬业奉献的院士李俊贤

2021年11月，第八届全国道德模范表彰活动在北京举行。黎明化工研究设计院原院长、总工程师，中国工程院院士李俊贤荣获“全国敬业奉献模范”荣誉称号。

李俊贤院士是我国高性能燃料创始人之一、聚氨酯工业奠基者之一，也是著名的化学工业合成专家。60多年来，他在科研事业中苦干实干、勇于创新，始终将满足国家化工事业创新发展的需要作为科研目标。他研制的产品广泛应用于汽车、建材、家居等国计民生行业。他也先后荣获“全国先进工作者”“全国优秀科技工作者”“全国离退休干部先进个人”“全国优秀共产党员”等称号，并被授予“全国五一劳动奖章”，荣登“中国好人榜”。

不管做什么事，都要从国家需求出发

1966年，李俊贤院士放弃北京的优越生活，到青海省偏僻的小山沟里筹建黎明化工厂，开始高性能燃料的研制工作。

工作期间，李俊贤院士要顶着高原反应对身体的影响，在零下十几摄氏度且没有围墙的车间里观察数据，一干就是十几个小时，吃的是没熟透的青稞面，睡的是大通铺。最终，他带领团队成功研制出具有世界先进水平的高性能燃料，使中国在该领域实现了零的突破。

“创新是科研工作者的灵魂。”李俊贤院士是这样说的，更是这样做的。20世纪70年代初，李俊贤院士研发出的高性能燃料使得我国某重大项目的研制时间明显提前；20世纪80年代，他又开创国内聚氨酯研制的先河，填补了多项研究空白，打破了我国在该领域严重依赖进口产品的局面。他数十年如一日地忘我工作，直到2018年，已经90岁高龄的他才正式离开工作岗位。

科学研究来不得半点马虎，最怕的是“差不多”

工作认真、一丝不苟是许多与李俊贤院士共事过的同事对他的评价。对每一份递交至自己手中的技术材料，李俊贤院士都会字斟句酌，一个疑点都不放过。

有一次，李俊贤院士带领的研究生向他提交论文，论文中引用了一些未经仔细核实的参考文献。为了审查该篇论文，李俊贤院士将该论文中引用的所有参考文献的原文都找出来并逐一仔细核查。还有一次，为分析一项实验失败的原因，当时已 80 多岁高龄的李俊贤院士与学生一起，在寒冷的实验室里待了一整天，直至问题解决。

在李俊贤院士的言传身教下，李俊贤院士带领的团队中先后涌现出多位精细严谨、默默奉献的科研工作者。他们以李俊贤院士为楷模，不懈努力，取得了一项又一项科研成果。

（二）乐业

乐业就是以自己的工作为乐，对工作充满激情，以饱满的精神状态投入工作中。劳动者在工作时，一定会付出脑力劳动或体力劳动。有些人认为，无论是脑力劳动还是体力劳动，都是一份苦差事，因为脑力劳动者的神经长期处于紧张状态，所以劳动者容易感到精神疲惫；而体力劳动大多是重复性劳动，劳动者容易感到枯燥。

梁启超在《敬业与乐业》一文中说："凡职业都是有趣味的，只要你肯继续做下去，趣味自然会发生。"在工作中，劳动者如果能够全身心投入，不断追求进步，超越自我，就不会感到疲惫和枯燥。知之者不如好之者，好之者不如乐之者。劳动者应树立正确的事业观，培养对工作的兴趣，善于在工作中发现乐趣，做到以工作为乐，干一行，爱一行，钻一行。

乐业的"乐"有三个层次：① 参与其中的乐，人们会因自己做了某项工作而感到快乐；② 获得成就的乐，当作品完成并且达到自己的要求时，人们会很有成就感；③ 成长的乐，在工作中不断学习专业技能，不断提高思想素养、精神品格和综合能力，能够使人有获得感、幸福感、安全感，进而在工作中获得快乐。

在中国特色社会主义建设的实践中，各行各业涌现出许多以工作为乐的杰出人物，如先后 8 次刷新集装箱装卸世界纪录、创造了享誉全球的"振超效率"的产业工人许振超，为 90 多发火箭焊接过"心脏"、先后攻克 200 多个航天焊接难关的"金手天焊"高凤林，等等。

（三）勤业

勤业主要表现为对事业勤奋，作风不慵懒、态度不懈怠、工作不懒惰。"人生在勤，不索何获。"世上从来没有无缘无故的幸运，更没有人能随随便便取得成功。每一个成功者手中的鲜花，都是用他们辛勤的汗水浇灌出来的。

"业精于勤荒于嬉。"劳动者应始终勤勉敬业，做好事、办实事，以求真务实的态度对待本职工作。逆境造就人才。劳动者在工作中遇到挫折和困难时，不妨暂时停下来梳理自己的思路，调整自己的心态。在短暂的休整之后，继续以饱满的精神、坚韧的意志、勤劳的双手，努力完成自己的本职工作。

（四）精业

精业是指以精益求精的态度，耐心、细致地做好每一项工作，并在工作中不断学习新知识、开阔眼界，不断提高自己的工作技能水平和职业素养水平，将工作做到极致。

精业是一种态度、一种追求。"心心在一艺，其艺必工；心心在一职，其职必举。"执着专注、精益求精、一丝不苟、追求卓越，是时代精神的生动体现，展现了各行各业劳动者的精神风貌。通往成功的道路没有捷径，劳动者只有立足眼前，将本职工作做好、做精，才能在平凡的岗位上铸就非凡。例如，庖丁在初次解牛时，与一般的屠夫一样，眼中也是一头完整的牛，在割肉的时候也会砍到骨头；但是在之后的三年中，庖丁以精益求精的态度，用心去感受、了解牛体的结构，最终使自己的解牛技术达到了炉火纯青的境界。

案例在线

“金耳朵”王学勇

2022 年 5 月 22 日，王学勇被评为安徽工匠 2021 年度人物。在奇瑞汽车股份有限公司（以下简称“奇瑞公司”）总装车间工作的近 20 年中，王学勇扎根生产一线进行技术攻关，努力做到精益求精，从一名普通汽车装调工成长为企业的一颗“万能螺丝钉”。

2003 年 6 月，刚毕业的王学勇进入奇瑞公司总装车间实习。为了尽快学会发动机变速箱的合装（指将各种零配件按一定的工艺和要求进行装配）操作，王学勇每天都要重复几百次同样的动作，但他从不偷懒耍滑。之后，王学勇入选装调小组，成为奇瑞公司的一名正式员工。在工作中，王学勇刻苦钻研，练出了能够根据车辆运行异响快速判断出故障原因的“金耳朵”。王学勇先后参与东方之子、瑞虎 3、瑞虎 7、星途追风等 10 多款车型的新品试制，练就了一身过硬的本领，尤其擅长整车装配作业和电路、发动机、变速箱、底盘、内饰等的返工调整作业。

王学勇不断学习新工艺、新技术，先后攻克了 300 多个在汽车生产过程中发现的疑难问题。在整车制造过程中，王学勇针对整车电子电器、动力总成和底盘中出现的各类问题，建立了专业性框架分析机制。在参与整车试制项目验证工作中，王学勇主动提出了 1 000 多项改进措施，将车间新品投产预算人员由 432 人减少到 330 人，帮助企业节约直接人工费用 350 万元。

王学勇以精益求精的态度和精湛的技艺攻坚克难，用实干建功立业，在振兴民族汽车产业的赛道上奋力奔跑，彰显了新时代劳动者的风采与担当。

二、职业精神的构成要素

职业精神由职业理想、职业态度、职业责任、职业技能、职业纪律、职业作风六大要素构成，这些要素分别从不同的方面反映了社会主义职业精神的内涵。

（一）职业理想

职业理想是个人依据社会需求和个体条件确立的奋斗目标。职业理想是职业精神的灵魂。一般来说，劳动者通过工作主要可以满足三个层次的需求：维持生计、发展自我、服务社会。劳动者在选择职业时，应将服务社会放在首位。因为只有从社会利益出发选择职业，社会才能更加稳定、和谐地发展，劳动者维持生计和发展自我的需求才能得到满足。

（二）职业态度

职业态度是劳动者对其所从事职业的主观看法和采取的行动。职业态度对劳动者的工作状态有很大影响。积极的职业态度会促使劳动者认真工作，主动钻研技术，提高工作效率。职业态度主要受劳动者价值观、情绪、健康状况、人际关系等因素的影响，劳动者在工作中应当及时进行自我调节，以积极的态度开展工作。

（三）职业责任

职业责任是指劳动者在职业活动中应履行的职责，如认真完成工作任务、保证工作质量、遵守企业规章制度等。职业责任与职业义务相对应，劳动者要想获得劳动报酬，就要保质、保量、按时完成工作任务，对本职工作负责。

（四）职业技能

良好的职业技能是劳动者将职业精神付诸实践的基础条件。在社会主义现代化建设中，各行各业对劳动者的职业技能的要求越来越高，不仅需要科学技术专家，更迫切需要受过良好教育的中、初级技术人员、管理人员与掌握一定科学文化知识和技能的基层工人（如数控设备操作工，见图 4-5）。为了更好地为国家和社会的发展贡献力量，学生应在学校里认真学习科学文化知识和职业技能，将自己培养成社会所需要的创新型、应用型、技术型人才。

图 4-5　数控设备操作工

（五）职业纪律

职业纪律是劳动者在劳动过程中必须遵守的职业规则。职业纪律虽然具有一定的强制性，但是它能够保障劳动者的自由和权利，为劳动者在工作中充分发挥主动性和创造性提供保障。劳动者应自觉遵守职业纪律，将职业纪律由外在的强制力转化为内在的约束力，用内在的约束力控制自身的行为。这样，才能保证生产安全、有序进行，进而保证所生产产品的质量和所提供服务的质量。

（六）职业作风

职业作风是劳动者在工作中的习惯性表现，对其他劳动者有潜移默化的教育和引导作用。职业作风优良的员工，必定关心集体，待人诚实热情，乐于助人，勤于学习，勇于创新。新员工与这样的老员工共事，可以迅速适应工作环境，养成良好的工作习惯和职业作风。此外，在这种优良职业作风的影响下，好的思想、行为、品质可以得到发扬，不好的思想、行为、品质将受到抵制，从而有利于整个部门形成良好的工作氛围。

三、如何弘扬职业精神

如果把企业所希望得到的工作成果作为一个结果函数的话，那么职业精神就是影响一个人能力发挥的系数。一个人能力发挥的程度，往往取决于他所具备的非智力因素，如思想认识、责任意识、职业理想、职业观念等。

职业精神对学生踏入社会后的工作、生活等都有重要影响。学生可从以下三个方面弘扬职业精神。

（一）参观博物馆、校史馆、图书馆、档案馆等

职业精神的培养同专业知识的学习和职业技能的提高同样重要，都是学生立足社会的关键。学生通过参观博物馆、校史馆、图书馆（见图 4-6）、档案馆等，可以深入了解匠人的成才故事，包括他们的学习经历、奋斗历程、成功经验，在浓厚的职业文化氛围中培养职业精神，自觉养成良好的职业习惯和职业作风，进而成长为优秀的职业人才。

图 4-6　图书馆

（二）参加校园职业文化专题活动

学生积极参加学校组织的各种形式的校园职业文化专题活动，如职业生涯规划设计大赛、职业技能大赛（见图 4-7）、职场演练、辩论赛、志愿者服务活动等，可以提高对职业理想、职业道德、职业责任的认识，并且能够在主动学习职业技能的同时，更加深刻地理解职业精神的内涵。当学校邀请知名企业家、合作企业的先进员工、本校优秀毕业生等来校做专题讲座或报告时，学生更应认真聆听，并向这些榜样学习，从他们的光辉事迹中领悟高尚的职业精神。

图 4-7　职业技能大赛

（三）在实习中感悟职业精神

学生参加学校组织的实习活动（见图 4-8），除了可以了解本专业工作的特点、进行必要的技能训练和岗位锻炼外，还能够深入了解企业文化和企业精神，学会以正确的态度对待工作，严格遵守职业纪律，不断学习专业知识、锻炼职业技能、提高职业素养。此外，学生通过实习，能够增强社会责任感和职业认同感，在工作中理解和践行职业精神，把职业精神逐渐内化为自主行动。

图 4-8 学生实习活动场景

第三节 遵守劳动纪律

一、劳动纪律的内容

劳动纪律是指劳动者在劳动过程中，为实现行动一致、保证工作正常进行所必须遵守的行为准则。不论在何种生产方式下，只要进行共同劳动，劳动者就必须遵守劳动纪律。

劳动纪律主要包括以下内容：

（1）履约纪律：履行劳动合同中规定的义务，并且在违约时承担相应的责任。

（2）考勤纪律：按规定的时间到达工作岗位（见图 4-9），按要求请（休）事假、病假、年休假、探亲假等。

（3）工作纪律：根据部门制度和岗位职责，按时保质保量完成工作任务；节约材料；爱护公共财物。

（4）安全卫生纪律：严格遵守技术操作规程和安全卫生规程。

（5）保密纪律：保守用人单位的商业秘密。

（6）奖惩制度：包括遵纪奖励规则与违纪惩罚规则。

（7）其他纪律：其他与劳动者紧密相关的规章制度。

值得注意的是，用人单位的劳动纪律与规章制度必须合法。否则，劳动者可以拒绝遵守。

扫一扫

规章制度不合理，劳动者该怎么办

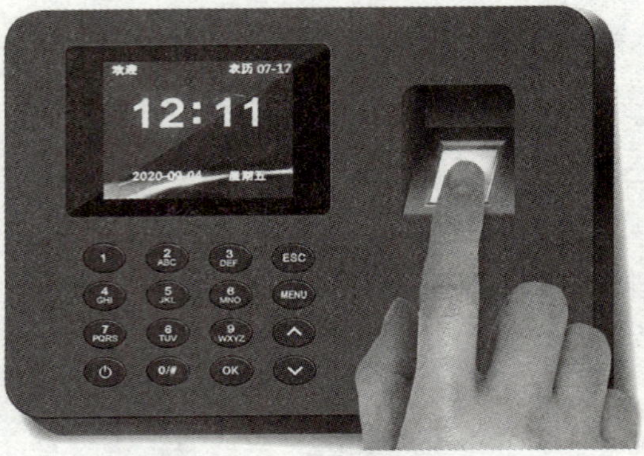

图 4-9　按规定的时间到达工作岗位

案例在线

违反基本劳动纪律被解除劳动合同

代某于 2021 年进入一家设计公司工作，双方约定代某的试用期为 3 个月。代某在入职不到半个月的时间内已迟到 3 次，并且多次与同事发生冲突，工作时打瞌睡，严重影响了公司的工作氛围。据此，领导告知代某，因其试用期考核成绩不合格，公司将单方面与其解除劳动合同。

代某对公司的决定表示不服，认为自己迟到是因为堵车，工作时打瞌睡是自己无法控制的，况且公司之前发布的招聘信息中，并没有将上述行为列为限制录用条件，因此公司不能单方面解除劳动合同。代某随后向劳动争议仲裁委员会申请仲裁，要求公司向其支付一定数额的赔偿金。

劳动争议仲裁委员会认为，遵章守纪是公司对劳动者最起码的要求，不迟到、不早退、不旷工是劳动者应遵守的最基本的劳动纪律，也是公司考核员工，尤其是试用期员工的重要内容，即便不写入公司的招聘信息或规章制度中，员工也应该严格遵守。

代某在试用期内的种种行为，表明其纪律意识较差，不能严格遵守基本的劳动纪律，因此可认定其不符合正式录用的条件。该公司以代某有义务严格遵守公司的规章制度，但其在试用期内考核成绩不合格为由解除劳动合同，并不违反法律规定。据此，劳动争议仲裁委员会驳回了代某的仲裁请求。

二、遵守劳动纪律的重要性

有些劳动纪律与生产效率密切相关，有些劳动纪律直接影响人的生命安全。例如，医疗卫生部门的劳动纪律直接关系到病员和医务工作者的生命安全，交通部门的劳动纪律直接关系到旅客的生命安全，饮食行业的劳动纪律直接影响到食客的身体健康，高危行业的劳动纪律直接关系到劳动者的生命安全。由此可见，劳动纪律不仅关系到集体的利益，还与劳动者的人身安全息息相关。

此外，企业的效益与员工的利益息息相关。员工遵守劳动纪律是其履行劳动义务的体现，也是其享受劳动权利的前提，更是企业提高效益的重要保障。员工作为企业的一分子，应该自觉遵守企业的劳动纪律和操作规范，不断提高自身的素质，增强工作责任心。

三、如何做到遵守劳动纪律

企业如果没有劳动纪律，就会变成一盘散沙。劳动者如果轻视劳动纪律，就难以在劳动中进步和成长。在劳动过程中，劳动者应当积极遵守劳动纪律，努力做到以下几点。

（一）强化纪律意识

没有规矩，不成方圆。劳动纪律是每个劳动者都必须遵守的行为准则。劳动纪律是一个团队生存和发展的保障，没有劳动纪律的团队，必定像一盘散沙，劳动者各自为战，没有共同的目标。一支富有战斗力的团队，必定有铁一般的劳动纪律；一个合格的劳动者，必定具有高尚的纪律意识。劳动者应强化纪律意识，努力克服惰性思想和自身的不足，增强纪律意识、职责意识、大局意识，严格按照企业的规章制度进行劳动。

（二）严守操作规程

严守操作规程（见图 4-10）既是对企业的要求，也是对每个劳动者的要求。劳动者的工作情况直接影响企业的经济效益，进而影响劳动者的自身利益。企业的经济效益不佳，就无法提高劳动者的工资、改善劳动者的福利待遇。

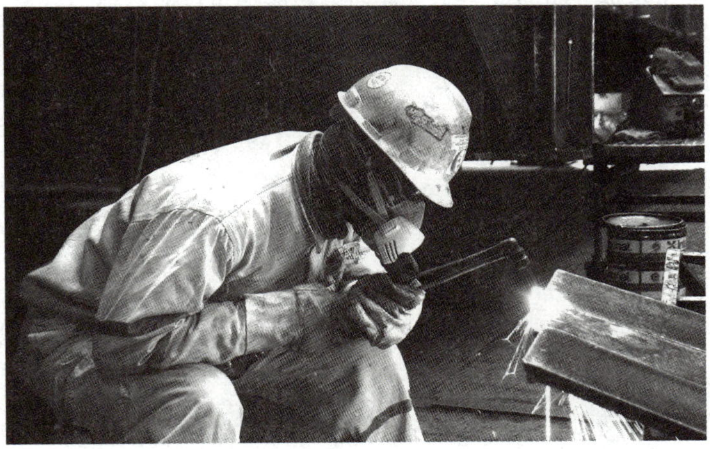

图 4-10　按操作规程作业

（三）提高个人素质

提高个人素质，一方面要求劳动者提高自身的业务素质，即通过多种渠道学习专业知识，不断提高劳动技能；另一方面要求劳动者提高自己的职业道德水平，尽职尽责做好本职工作。

自我评测

劳动纪律意识自我测评

准备好笔，然后对下列测验题做出“是”或“否”的回答：

（1）我遵守学校的学习纪律，不迟到、不早退、不旷课。

（2）在日常的校园劳动中，我认真负责，服从安排。

（3）我会积极参加班级的值日活动。

（4）上实训课时，我会根据老师的指导进行操作。

回答“是”计 1 分，回答“否”计 0 分。

结果分析：

0～1 分：你需要强化劳动纪律意识，培养自己的劳动责任感。

2～3 分：你具备一定的劳动纪律意识，但还可以进一步提高。

4 分：你具有很强的劳动纪律意识，能够遵守规则。

实践活动

“职业榜样大家学”演讲活动

为了让学生更加深刻地理解职业精神的内涵，明白职业精神的重要性，老师可组织学生开展以“职业榜样大家学”为主题的演讲活动。

学生先搜集与所学专业相关的行业的杰出人物或本校优秀毕业生的成才故事和先进事迹，包括学习经历、奋斗历程、成功经验、职业格言等，然后整理所搜集到的资料，并在课堂上进行演讲。

活动记录

职业榜样的成才故事和先进事迹：

职业榜样身上所体现的职业精神（请举例说明）：

心得体会：

活动评价

老师可参考表 4-1 对学生在实践活动中的表现进行评价。

表 4-1 实践活动评价表

评价标准	分值	分数小计	老师评价
活动准备工作做得充分，活动记录填写完整	10		
故事真实，能够体现职业榜样的职业精神	30		
深刻理解职业精神的内涵	30		
吐字清晰，语速适中，表达流畅	10		
演讲内容具有鼓舞性和激励性，演讲具有感染力	20		
总 计	100		

JINENG TISHENGPIAN

技能提升篇

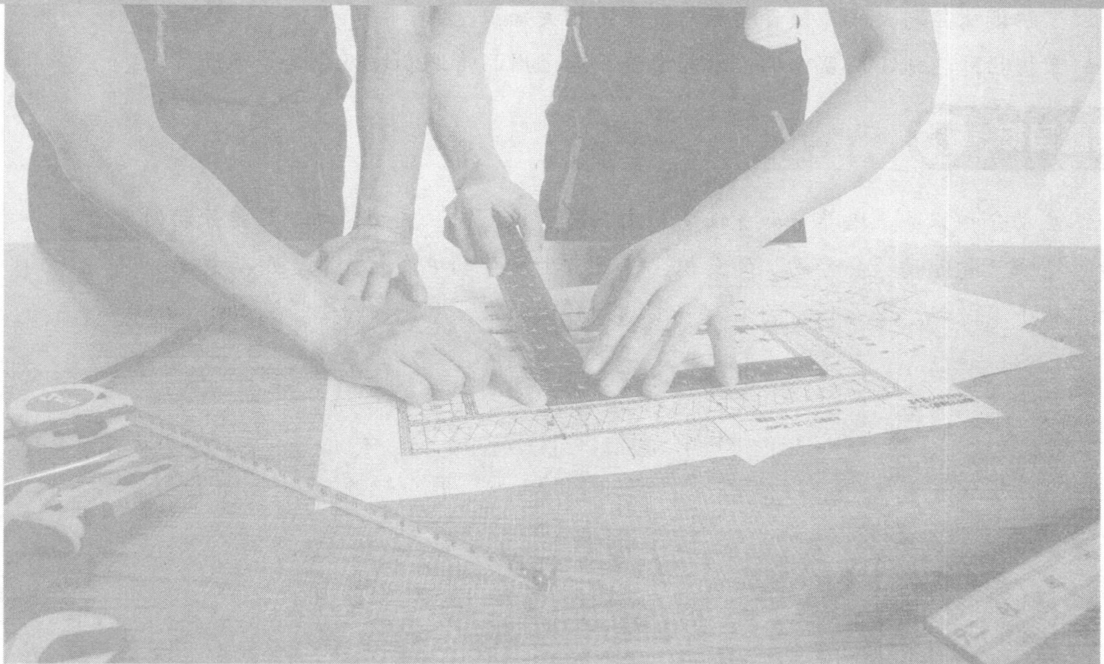

第五章 学会生活劳动，自理自立自强

日常生活劳动包括洗衣、做饭、打扫卫生等，涉及学生学习和生活的方方面面，是学生培养自理能力和自立能力的必修课。学生进行日常生活劳动，能够培养吃苦耐劳的精神、坚韧不拔的毅力和顽强不屈的意志；学会关心、体谅他人，妥善处理各种社会关系；养成认真负责、注重细节的良好习惯。

生命在于运动。参与日常生活劳动是最好的微运动，不仅有益于身体健康，而且能够使劳动者从中获得幸福感和成就感。

知识目标

- ✧ 掌握衣物清洗常识、熨烫实用技巧、衣物缝补技巧和收纳操作指南。
- ✧ 熟悉如何选购食材、制作冷菜和热菜。
- ✧ 了解调味品与火候、饮食营养与健康的相关知识。
- ✧ 掌握扫地拖地、门窗除垢、冰箱清洗、床上用品清洗和垃圾分类等劳动技能。

素质目标

- ✧ 主动分担家务，培养家庭责任感和主人翁意识，树立主动劳动、热爱劳动的观念。
- ✧ 增强“爱劳动、会劳动”的意识，在日常生活劳动中增长才能、磨砺意志。
- ✧ 从小事做起，培养良好的生活习惯，做时代新人。

课堂引例

一屋不扫，何以扫天下

东汉时期，有一少年名为陈藩，此人自命不凡，一心只想做大事。一天，陈藩父亲的好友薛勤来访，见陈藩独居的院内脏乱不堪，便问他：“孺子何不洒扫以待宾客？”他答道：“大丈夫处世，当扫天下，安事一屋？”薛勤当即反问道：“一屋不扫，何以扫天下？”陈藩无言以对。

想一想

（1）你赞同薛勤的说法吗？为什么？

（2）你喜欢做家务吗？为什么？

第一节　整理衣物：正衣冠，树形象

千里之行，始于足下。一个人如果想有所成就，就不能忽视那些不起眼的小事。在日常生活中养成良好的劳动习惯，就应从洗衣、熨烫、缝补、收纳等方面做起。

一、衣物清洗常识

（一）洗前的准备工作

1. 区分衣物

在清洗衣物之前，应将衣物区分开来，以免其中有些衣物受到其他衣物的污染，具体如下：

（1）内衣与外衣要分开。

（2）儿童的衣物与成人的要分开。

（3）健康人的衣物与病人的要分开。

（4）不同颜色的衣物要分开。

2. 区分衣物面料

常见的衣物面料包括纺织纤维和皮革等。纺织纤维包括天然纤维和化学纤维，其中，天然纤维包括植物纤维（如棉、麻等）和动物纤维（如羊毛、蚕丝等），化学纤维包括人造纤维（人造毛、人造棉、人造丝等）和合成纤维（涤纶、腈纶、氨纶、丙纶等）。皮革由真皮、再生皮和人造革组成。不同的面料具有不同的特点，应采用不同的清洗和保养方法，具体见衣物上的水洗标（见图 5-1）。

3. 检查衣物表面及口袋

检查衣物表面是否有难以清洗的脏东西（如油漆、嚼过的口香糖等），如有，应在清洗前处理掉；检查衣物口袋中是否有钱币、首饰、票据、卫生纸等，如有，应及时取出。

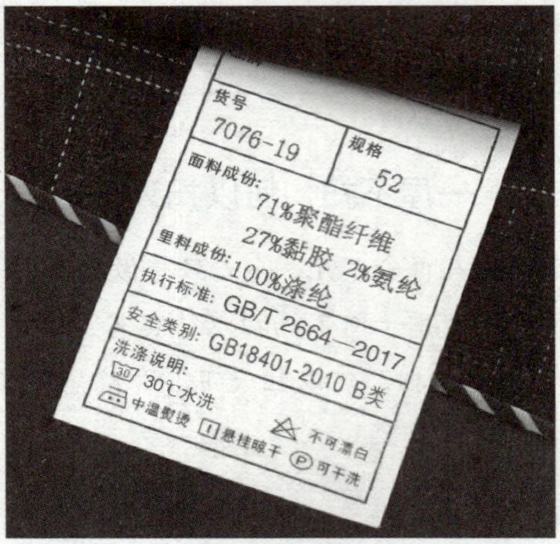

图 5-1　水洗标

（二）清洗方法

清洗衣物的方法主要包括手洗和机洗两种。

1. 手洗

（1）可用手洗的衣物：丝（麻）织品，人造棉、毛、丝等制品，羽绒制品，沾有汽油的衣物等。另外，可机洗的衣物，如果领口、袖口等部位污物很多且用机洗难以洗净时，可先用手洗再用机洗。

（2）手洗衣物的要求：① 注意领口、袖口等容易脏的地方；② 根据衣物的面料，对衣物进行合理浸泡，但应注意浸泡时间；③ 要用清水将衣物漂洗干净。

（3）手洗衣物的基本方法。常见的衣物清洗手法有搓洗、刷洗（见图 5-2）、拎洗、揉洗四种。其中，搓洗是双手抓住衣物，上下来回摩擦，或者把衣物放在搓衣板上上下摩擦，直至把污渍搓掉；刷洗是将衣物铺平，用刷子来回刷，直至把污渍刷掉，适用于清洗衬衣和牛仔服；拎洗是在盆内倒入适量清水，加入清洗剂，将衣物放入水中浸透，然后抓住衣物的上端，从盆内拎起再放入，重复上述动作，适用于清洗丝绸类衣物，尤其是绢丝类衣物；揉洗是像揉面团一样在盆中反复揉捏衣物，适用于清洗羊毛衫、围巾等衣物。

扫一扫

羽绒服清洗技巧

图 5-2　刷洗

2. 机洗

家庭中使用的洗衣机可分为两大类：一类是全自动洗衣机，另一类是半自动洗衣机。

（1）用全自动洗衣机清洗衣物时，可根据衣物选择合适的清洗功能进行清洗。图 5-3 是某全自动洗衣机的清洗功能。

图 5-3　某全自动洗衣机的清洗功能

（2）用半自动洗衣机清洗衣物时，可按以下程序操作：

① 注水。根据所清洗衣物的数量，向洗衣机水桶注入适量的水（水量应在机器规定的上下限水位内），倒入适量的清洗剂，然后放入要清洗的衣物。

② 洗涤。根据要求选择清洗按键，并按衣物面料和衣物脏污程度选择清洗时间。

③ 漂洗。洗完后漂洗 2～3 次，每次 2～3 分钟，直至衣物干净。

④ 脱水。将洗干净的衣物均匀地放入脱水桶内，放好脱水桶压盖，盖好桶盖进行脱水。

⑤ 取出。脱好水后，及时取出衣物晾晒。

（三）晾晒方法

科学合理地晾晒衣物，是保持衣物良好形态的重要环节。在衣物清洗完毕后，要根据衣物的面料、颜色等来确定晾晒方法。以下简要介绍几类不同面料衣物的晾晒方法：

（1）棉麻类衣物，一般可放在阳光下直接晾晒，为避免褪色，衣物最好反面朝外。

（2）丝绸类衣物，其耐光性差，经暴晒后会褪色，因此应反面朝外，放在阴凉通风处自然晾干，严禁用火烘烤。

（3）毛料衣物，反面朝外，放在阴凉通风处晾干。

（4）化纤类衣物，在阴凉处晾干，不宜在日光下暴晒，以免面料发黄。

劳动小贴士

床上用品会与皮肤直接接触，平时要注意清洗床上用品。一般来说，床上用品的清洗间隔应根据季节来确定。一般而言，夏季一周清洗一次，冬季两周清洗一次。最好选择在晴天清洗，让清洗后的床上用品接受紫外线的照射，从而有效清除细菌和螨虫。

探究与分享

刘女士在朋友圈招聘保姆照顾自己上大一的女儿，这一举动引发网友热议。刘女士称自己平时很忙，没有时间照顾女儿，女儿虽然上大学了，但是从小没做过家务，所以想找一个保姆照顾女儿。

请问：

（1）你如何看待刘女士给上大学的女儿招聘保姆这一举动？

（2）你在家是否常做家务？在学校是否能整理好自己的“一亩三分地”？

二、熨烫实用技巧

（一）熨烫步骤

（1）向熨烫机内注水。最好向熨烫机内注入冷开水或纯净水，因为冷开水或纯净水加热后一般很少会产生水垢，有利于避免熨烫机的喷气孔被水垢堵塞。

（2）选择温度。熨烫机上一般会有调节温度的旋钮，使用时可根据衣物的材质选择不同的温度，也可根据衣物水洗标上标注的熨烫标志选择合适的温度。常见的熨烫标志及其含义如图 5-4 所示。

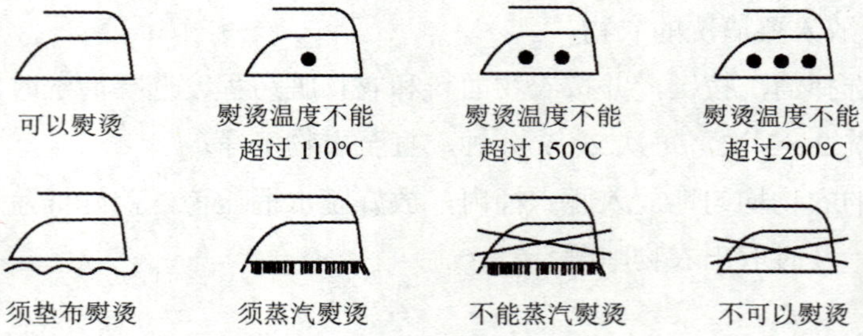

图 5-4　常见的熨烫标志及其含义

（3）熨烫。应在水温达到所调温度后再开始熨烫，因为在温度不够时，无法达到理想的熨烫效果。熨烫过程中应保持衣物平整，以免在衣物上留下新的褶皱。

（4）熨烫完的衣物不要马上放入衣柜，而应先挂在通风处，待衣物干透之后再放入衣柜，以免衣物发霉。

（二）不同面料衣物的熨烫方法

（1）棉麻衣物。棉麻衣物（见图 5-5）的熨烫温度一般为 160～200℃。

熨烫要领：动作敏捷，但不能过快；往返熨烫的次数不宜过多；用力不宜过猛；熨烫淡色棉麻衣物时应保持匀速，以免衣物局部因熨烫时间过长而发黄。

（2）丝质衣物。丝质衣物（见图 5-6）的熨烫温度一般为 110～120℃。丝质衣物的熨烫温度不能过高，以免衣物褪色、软化、变形等。

熨烫要领：垫布熨烫或熨烫衣物反面；要不断移动熨烫机的位置，以免产生印迹或水渍，影响衣物的美观性。

（a）棉质衣物　　（b）麻质衣物

图 5-5　棉麻衣物

图 5-6　丝质衣物

（3）皮衣。皮衣（见图 5-7）的熨烫温度一般在 80℃以下。

熨烫要领：垫干燥的薄棉布进行熨烫；用力要轻，以防损坏衣物。

（4）毛织衣物。毛织衣物（见图 5-8）要根据衣物的厚度来选择熨烫温度，一般而言，薄款毛织衣物的熨烫温度在 150 ℃以下，厚款毛织衣物的熨烫温度在 200℃以下。

熨烫要领：垫湿布熨烫；平稳地移动熨烫机，移动速度不宜过快。

（5）合成纤维衣物。不同的合成纤维衣物（见图 5-9），其耐热程度各不相同。在对合成纤维衣物进行初次熨烫前，可先在衣物里面不明显的部位试熨，在调整好熨烫温度后，再进行大面积熨烫。

图 5-7　皮衣

图 5-8　毛织衣物

图 5-9　合成纤维衣物

三、衣物缝补技巧

缝补衣物的常用针法有平针缝、藏针缝、锁边缝、包边缝、扣眼缝等。

（1）平针缝（见图 5-10）是最基础的针法，也是最常用的针法。这种针法主要用于拼接布料和缝制轮廓。采用这种针法时要注意针脚间隔均匀，一般为 3 毫米左右，也可根据实际情况调整。

（2）藏针缝（见图 5-11）是一种很实用的针法，能够有效隐匿线迹，常用于缝制衣物上不易在反面缝合的区域。

扫一扫

实用缝补技巧

（3）锁边缝（见图 5-12）一般用于缝制织物的毛边，以防织物的毛边散开。

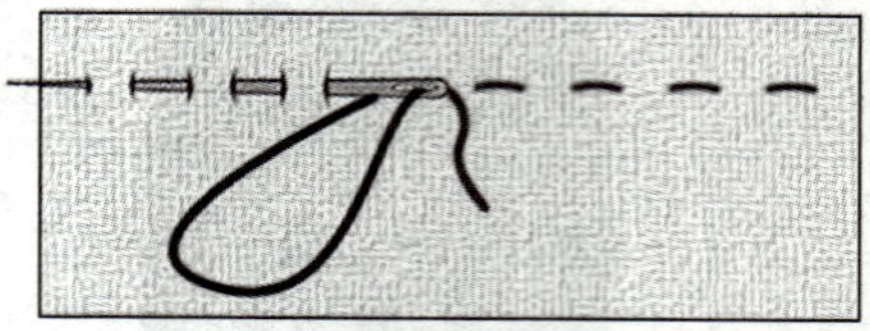

图 5-10　平针缝

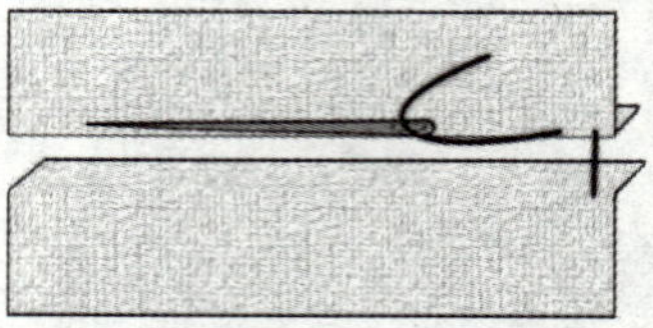

图 5-11　藏针缝

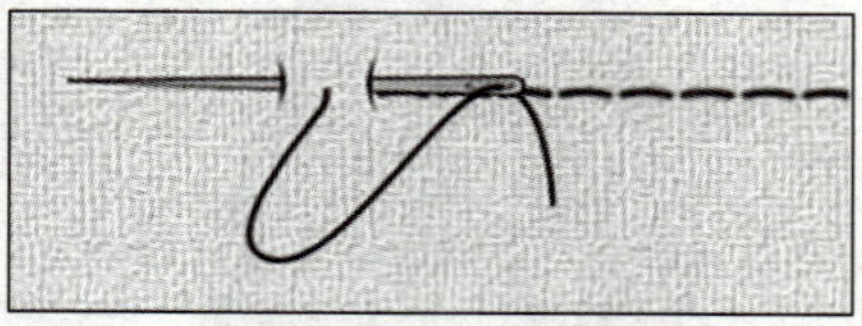

图 5-12　锁边缝

（4）包边缝（见图 5-13）、扣眼缝（见图 5-14）与锁边缝的用途相同，但装饰性和实用性更强。

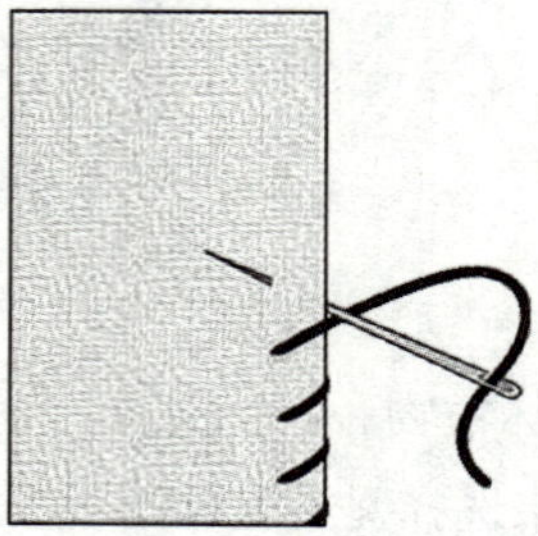

图 5-13　包边缝

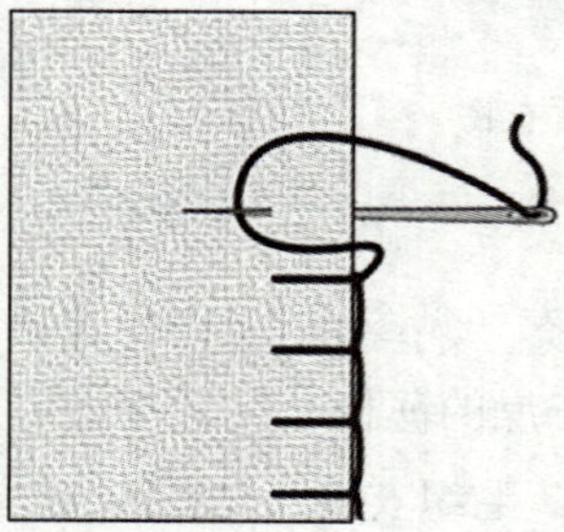

图 5-14　扣眼缝

探究与分享

情景一：小明在跑步时不小心摔倒，磕破了裤子，准备自己动手缝好。

情景二：母亲节就要到了，小菲想亲手缝制一个香囊送给妈妈。

请问：在上述两种情景中，小明和小菲分别应采用哪种针法？

四、收纳操作指南

（一）折叠衣物

折叠衬衣的要领：① 将衬衣摊开并抚平，系上纽扣；② 将衬衣翻过去，使衬衣正面在下，背面在上；③ 将衬衣抚平，以纽扣为中心，将两边的衣袖向中间折叠，再将衬衣下摆向上折叠；④ 将衬衣翻过去，使衬衣正面在上；⑤ 整理抚平。

扫一扫

衣物收纳小技巧

折叠西裤的要领：① 拉上拉链，扣上扣子；② 将西裤的两条裤线对齐，然后用手将西裤抚平；③ 将西裤沿裤线对折两次。

折叠无裤线的休闲裤的要领：① 拉上拉链，扣上扣子；② 以裤裆为中心，将两条裤腿对折后抚平；③ 将裤子沿裤缝线对折两次。

折叠羽绒服的要领：① 拉上拉链，扣上扣子；② 将羽绒服摊开并抚平；③ 将衣袖平行叠于胸前；④ 将衣服下摆向上折叠至所需大小；⑤ 双手慢慢挤压出羽绒服内的空气。

折叠棉被的要领：① 将棉被平铺在床上；② 将被子较长的一边向内折叠三分之一，再将与该边对称的另一边向内折叠三分之一，使被子叠成长条状；③ 将被子较短的两宽边分别向内折叠四分之一，中间留一条缝隙，最后沿缝隙对折。

（二）摆放衣物

（1）西服。西服上衣是立体剪裁，不宜折叠，因此最好用两端较宽的衣架撑起西服上衣，再将其挂在衣柜中（见图 5-15），以免西服上衣变形，影响美观。摆放西裤时，可用带夹子的衣架夹着折叠好的西裤的裤脚，使西裤悬垂挂放，也可将西裤裤脚的四条裤缝对齐后横挂于衣架上或折叠后存放于衣柜内。暂时不穿的西服，应用专用衣罩罩起来，并挂在衣柜内，以保持西服干净、整洁。

图 5-15　挂在衣柜中的西服上衣

（2）羽绒服。对于羽绒服，要拉上拉链或扣上扣子，平摊后抚平，按羽绒服折叠方法折叠后放入衣柜。可在衣服内放置 3～5 粒用白纸包好的樟脑球，以防衣服被虫蛀。

（3）棉衣。对于棉衣，要拉上拉链或扣上扣子，平摊后抚平，左右衣袖平行交叠在胸前，将衣服下摆向上折叠好，放入衣柜。需要注意的是，棉衣容易受潮生霉，必须拆洗干净，晒干、晾凉后再放入衣柜，并在衣柜内放置 3～5 粒用白纸包好的樟脑球，以防衣服被虫蛀。

（4）小衣物。内衣、袜子等小衣物，可将其卷好后放入抽屉中，如图 5-16 所示。

（5）棉被、毛毯。应按相应的折叠方法将棉被、毛毯折叠成合适的大小摆放。棉被、毛毯吸湿性强，可先将其装入密封性较好的包装袋中（见图 5-17），并在包装袋中放入数粒用白纸包好的樟脑球，再放入衣柜。

图 5-16　将小衣物收纳于抽屉中

图 5-17　将棉被装入密封性较好的包装袋中

（三）收纳鞋帽

对于不同材质的鞋子，应采用不同的收纳方法。对于布鞋，可将其晒干后直接放入鞋盒；对于毛绒里皮棉鞋，应在鞋内放入数粒用白纸包好的樟脑球；对于需要刷鞋油保养的鞋子（如皮鞋），应刷好鞋油后再放入鞋盒（见图 5-18）。

针织帽子洗净晒干后可直接存放在衣柜内，外形立体的帽子应挂放在衣柜内，必要时可用物品填充，以防变形，如图 5-19 所示。

图 5-18　鞋子收纳

图 5-19　帽子收纳

案例在线

整理收纳师如何月入过万

随着整理收纳师被列为新职业，整理行业逐渐受欢迎。人力资源和社会保障部数据显示，我国整理行业超 4 成从业人员年收入超 10 万元，该行业在未来几年对人才的需求将呈现急剧上升趋势。

经济发展、消费提高带动整理行业发展

2020 年 10 月，闫先生第一次在朋友圈看到他人“晒”出整理收纳服务体验后，立刻被吸引。恰逢妻子过生日，闫先生就预约了整理收纳师上门服务，将这一服务当作生日礼物送给妻子。闫先生说：“以前，整理衣物这项工作需要妻子空出一整天的时间来做，尤其家里地方较小，有了孩子后东西越来越多。但我们工作都忙，偶尔会因为整理衣物这些琐事发生口角。”因为对第一次整理收纳服务体验很好，所以闫先生将新增衣柜空间的规划工作也交给了整理收纳师。

家住广东省珠海市的熊女士怎么也没想到，自己听了“90 后”整理收纳师小李的一场分享会后，会对收纳服务如此感兴趣。熊女士刚从高级白领变成全职妈妈，一时间对家务无从下手。于是，她聘请小李先整理家里最混乱的儿童房，然后整理衣柜、书房等区域。“以前家人习惯随手乱放东西，我经常找不到家里的钥匙，这使我很烦躁。如今，物品摆放在固定的位置，我感觉生活也不再那么混乱了。”熊女士说，“整理收纳其实也是一种情调，让人逐渐学会享受生活。”

与普通的家政服务有所不同，整理收纳师会先详细咨询客户的整理需求和生活习惯，然后提供整理收纳服务。在服务过程中，整理收纳师还会教授客户一些既节省空间又不会使衣物出现褶皱的挂衣、叠衣技巧。在当下，人们的生活水平逐渐提高，消费逐步升级，在追求生活品质的同时，更需要有一个“令人心动的家”。

期待国内整理行业完善规范准则

曾经从事奢侈品整理的小谈转型为专业整理收纳师，她带着团队去过国外各地考察学习。小谈说：“国外成熟的服务体系值得我们借鉴学习，但由于国情、消费观和生活习惯不同，我们也不能完全照搬。”面对国内市场，小谈总结出了自己的“整理公式”，形成了一套适合国内市场的标准工作流程。

曾在上海一家杂志社工作的小林，2014 年看了收纳书籍后，就想成为一名整理收纳师。当时，中国的专业整理收纳师还不足 50 人。小林辞职后到国外进行了系统学习，回到国内，她在自媒体上把整理收纳理念传递给了更多人。

2018 年，小林在日本成立生活美学家协会，把中国人的空间整理术带到了日本。此外，她还与室内设计师合作，将整理收纳理念融入室内装修，以提前规划空间布局。在她看来，国内收纳整理师在实践中不断总结、摸索，逐渐发展出不同的流派。

不过，也正因为各流派百花齐放，许多整理收纳师期待相关部门能够尽快细化标准，包括服务标准、收费标准、培训标准、级别认证等，从而实现行业的规范发展。

第二节 乐于烹饪：烹菜肴，调五味

对于即将迈入社会的学生来说，做饭这样的“小事”，常常成为考验其独立生活能力的“大事”。从“家常菜”到“营养均衡、色香味俱佳的佳肴”，做饭不仅是一项生活技能，而且是一项能让人们享受烹饪乐趣、用美食调剂生活的活动。

一、选购食材

选购食材前，要确定用餐人数、购买数量和购物地点。需要注意的是，最好从货源可靠的购物地点购买食材。例如，蔬菜、肉、蛋、禽、水产类食材可到大菜市场购买，奶制品、速冻食品、调味品等可到正规超市购买。

（一）选购安全的食材

选购食材时，要特别注意食材的安全问题。选购安全的食材，可从以下几个方面进行。

1. 检查食材的品质状况

可以运用感官，依据经验来判断食材的品质。例如，用鼻子鉴别食材的气味，了解其是否存在气味异常情况；用眼睛观察食材的外部特征，查看其是否霉变、腐败；敲击食材（如禽蛋）的外壳，用耳朵辨别发出的声音是否正常；用舌头品尝食材的滋味，辨别其滋味是否正常；用手触摸食材的表面，了解其弹性和软硬程度是否正常。

2. 查看食材的卫生状况

观察购物环境是否卫生，如有没有苍蝇、蟑螂、老鼠等；操作人员是否按规范进行操作，如是否佩戴口罩；抹布、案板、容器及其他相关工具是否按规范使用；等等。

3．识别食材的标签

可从食材的标签上了解食材是否安全：

（1）认证标志。很多食材的包装上都有认证标志，如有机食品标志、绿色食品标志（见图 5-20）、无公害农产品标志（见图 5-21）等，这些标志代表着食材的安全品质和管理质量。

图 5-20　绿色食品标志

图 5-21　无公害农产品标志

（2）生产日期和保质期。食材的保质期是指食材在标签标明的条件下保存、使用的最终日期，是食材的最佳使用期。不宜使用时间超过标签上标注的保质期的食材。此外，从生产日期和保质期上，还可以判断食材的新鲜程度。

（3）配料表。查看食材配料表中的配料是否符合要求，是否添加了不利于人体健康的食品添加剂。

政策引领

全面落实“四个最严”要求，牢牢守住食品安全底线

2021 年全国食品安全宣传周主场活动在北京举办。国务院相关领导出席该活动并强调，要认真落实党中央、国务院决策部署，把人民生命安全和身体健康放在第一位，大力推动、实施食品安全战略，不断提高食品安全保障水平，坚决守护好人民群众“舌尖上的安全”。

该领导还指出，食品安全直接关系民生福祉，是经济社会高质量发展的必然要求，各地区各部门要全面落实“四个最严”（最严谨的标准、最严格的监管、最严厉的处罚、最严肃的问责）要求，进一步压紧压实各方责任，持续加大监管执法力度，严把从农田到餐桌的每一个关口，牢牢守住食品安全底线；要深入推进食品信用体系建设，加大信息公开力度，完善守信激励和失信惩戒机制，推动企业诚信守法经营；要使投诉举报渠道畅通，鼓励全民参与，强化社会共治，把食品安全“防护网”织得更密、更牢；要深入宣传、贯彻《中华人民共和国反食品浪费法》，坚决制止食品浪费行为，大力弘扬勤俭节约的社会风尚，让尚俭崇信成为全民共识并自觉践行。

（二）选购健康的食材

在选购食材时，要特别注意食材的营养价值，尽量做到科学搭配。人体所必需的营养素有蛋白质、脂肪、碳水化合物、矿物质、维生素、水等。这些营养素主要通过以下食物获取：

（1）粮食。粮食（如大米、小麦、玉米、红薯、大豆等）是传统膳食的主体，含有碳水化合物及人

体所需的其他微量元素等，是人体能量的主要来源。

（2）肉类。肉类包括各种畜肉、禽肉、鱼肉等，主要含有优质蛋白质、脂肪、无机盐和维生素等，营养价值较高，有利于提高人体免疫力。

（3）蔬菜和水果。蔬菜和水果（见图 5-22）主要含有维生素、无机盐、膳食纤维等，在为人体提供能量的同时，也能促进肠蠕动，预防便秘，促进体内的废物和毒素排泄等。其中，水果中含有维生素 C，可增强人体免疫力；含有丰富的葡萄糖、蔗糖、果糖等，能直接被人体吸收，产生热能。

图 5-22　蔬菜和水果

二、了解调味品与火候

（一）调味品

调味品是指在饮食、烹饪和食品加工中广泛应用的，用于调和滋味和气味并具有去腥、除膻、解腻、增香、增鲜等作用的物品。日常生活中，常见的调味品有油、盐、酱油、醋、味精、鸡精、芝麻油、酱类（如芝麻酱、番茄酱等）、豆豉、腐乳（如红腐乳、白腐乳等）、蚝油、鱼露、料酒，以及香辛料（如辣椒、桂皮、八角等）等，如图 5-23 所示。

图 5-23　调味品

（二）火候

烹饪菜肴十分讲究火候，如果没有把握好火候，所烹饪的菜肴或烧焦、或未煮熟、或失去应有的味道。一般可根据以下两点来确定火候：

（1）食材的性质。如果食材较软、嫩、脆，宜用旺火进行短时间烹煮；如果食材较硬、老、韧，宜用小火长时间进行烹煮。

（2）烹饪技法。采用炒、爆、炸等烹饪技法制作菜肴时多用旺火，采用烧、炖、煮、焖等烹饪技法制作菜肴时多用小火。

扫一扫

如何掌握火候

探究与分享

你知道哪些关于烹饪的知识？跟同学们分享一下吧。

三、制作冷菜和热菜

（一）制作冷菜的方法

冷菜又称凉菜，是将食材烹制成熟，在切配、调味、装盘后进行冷食，或者不通过加热工序，直接将食材切配、调味后食用的一类菜肴。冷菜是人们在日常生活中经常食用的一类菜肴，如凉拌黄瓜（见图 5-24）、凉拌黑木耳、蔬菜沙拉等。

图 5-24　凉拌黄瓜

以下简要介绍几种常用的制作冷菜的方法：

（1）拌。拌是指将食材切成丝、片、条或块等形状，加入调味品搅拌后，直接食用的菜肴制作方法，代表菜肴有葱油拌海蜇、麻辣肚丝等。由于使用的调味品不同，以拌制作而成的冷菜的味道也有诸多变化，如咸鲜味、甜酸味、酸辣味、芥末味、椒麻味、麻辣味等。

（2）腌。腌是指用盐、糖、醋、料酒等制作成调味汁，再将食材放入调味汁中，使调味汁渗透于食材中的菜肴制作方法，代表菜肴有酸白菜、糟鸡、醉蟹等。腌制而成的冷菜脆嫩爽口。

（3）卤。卤是指将食材放入用调味品配好的卤汁中烹煮至熟，然后晾凉的菜肴制作方法，代表菜肴有卤鸭、卤肫等。卤有白卤、红卤之分，其中，白卤是放盐、水和香料烹煮；红卤是放酱油、糖、水和香料烹煮。

（4）炝。炝是指将切成一定形状的食材进行制熟处理（如焯水），之后趁热加入调味品搅拌均匀，再晾凉的菜肴制作方法，代表菜肴有炝西蓝花、炝生菜等。

（5）油炸卤浸。油炸卤浸是指用油将食材炸制后，将食材倒入调配好的调味汁中浸渍或进行加热收汁，使调味汁渗透食材的菜肴制作方法，代表菜肴有油爆虾、油爆鱼等。

（二）制作热菜的方法

热菜是指经过蒸、炒、煎、炸、焖、烤等程序制作而成的，需趁热食用的菜肴。热菜的种类很多，制作方法多样，以下简要介绍几种日常生活中常用的方法。

（1）蒸。蒸是指将食材直接放入或调味后放入蒸锅中，以蒸汽将其加热至酥烂入味的菜肴制作方法，代表菜肴有东坡肉、粉蒸肉等。

（2）炒。炒是指将食材切成丁、丝、片等形状后，放入热油锅内，加入适量的调味品，快速翻炒搅拌的菜肴制作方法，代表菜肴有芹菜炒肉、番茄炒鸡蛋等。

（3）炖。炖是指将食材切成丁、丝、片等形状后，放入装有调味品的炖锅中，再倒入适量的水，用小火长时间烹制，使食材熟软酥烂的菜肴制作方法，代表菜肴有鸡肉炖蘑菇（见图 5-25）、猪肉炖粉条、排骨炖豆角等。炖制而成的菜肴具有汤多味鲜，保持原汁原味，形态完整，酥而不碎等特点。

（4）煎。煎是指在锅中倒入少量油并加热，再放入切成扁平状的食材，将食材用小火煎至两面金黄即可的菜肴制作方法，代表菜肴有煎酿西蓝花、鹅肝酱煎酿藕饼、生煎牛排等。

（5）煮。煮是指将食材放入装有适量水的汤锅中，再加热至食材成熟的菜肴制作方法，代表菜肴有开水白菜、水煮肉片等。

（6）炸。炸是指将食材切成一定形状，再放入调好的调味汁中浸至入味，然后进行拍粉或挂糊，最后放入倒有较多油的油锅中加热成熟的菜肴制作方法，代表菜肴有蒜香排骨（见图 5-26）、椒盐小黄鱼等。炸制而成的菜肴具有外香酥、里鲜嫩的特点。

图 5-25 鸡肉炖蘑菇

图 5-26 蒜香排骨

知识链接

烹饪的注意事项

1. 用火安全

在使用燃气灶烹饪食物时，应注意以下四点：

（1）烹饪过程中不要远离厨房，以防汤水溢出浇灭火苗造成燃气泄漏。

（2）厨房内禁止存放酒精、汽油等易燃危险物品，以免引起火灾。

（3）保持燃气灶周围空气流通。

（4）若闻到燃气味或者怀疑燃气泄漏，则应立即关闭燃气阀门和附近的火源，同时打开门窗进行通风，注意不要开关任何电器，包括手机。若燃气味浓烈，则应立即离开现场并打电话报警，同时通知邻居撤离。

2. 用电安全

在使用电饭煲、电磁炉等电器烹饪食物时，应注意以下两点：

（1）不用未擦干的手接触电器及电器装置，以防触电。

（2）用完电器后，应关掉开关并拔下插头，以防电器因长时间通电而损坏。

3. 烹饪工具使用安全

在使用烹饪工具的过程中，应注意以下四点：

（1）玻璃器皿、瓷器不能摆放在操作台边缘，以免摔破伤人。

（2）在使用刀具前，应检查刀具，确保刀具完好无损，以免在使用过程中发生意外。

（3）在用刀具处理食材时，应使用正确的握刀姿势和扶料姿势，如图 5-27 所示。

握刀姿势

扶料姿势

图 5-27 正确的握刀姿势和扶料姿势

（4）在用完刀具后，应将其插入刀套或放入刀架内，不得将其放在操作台边缘及过高处，以免坠落伤人。

4. 其他注意事项

除上述注意事项外，在烹饪食物时，还应注意以下三点：

（1）制作菜肴时，锅内的汤水不宜过多，以免溢出引发意外。

（2）在拿刚蒸好或烤好的食物时，应戴隔热手套。若没有隔热手套，则可用干毛巾代替。

（3）为减少烹饪过程中热油飞溅的情况，应提前滤干食材上的水分。

四、饮食营养与健康

营养均衡的膳食不仅可以保证人体各项生理功能的正常运行，还可以提高人体的抵抗力和免疫力，有利于预防和抵抗某些疾病。

根据中国营养学会编制的《中国居民膳食指南（2022）》，一般人群可遵循以下八条膳食准则：① 食物多样，合理搭配；② 吃动平衡，健康体重；③ 多吃蔬果、奶类、全谷、大豆；④ 适量吃鱼、禽、蛋、瘦肉；⑤ 少盐少油，控糖限酒；⑥ 规律进餐，足量饮水；⑦ 会烹会选，会看标签；⑧ 公筷分餐，杜绝浪费。

图 5-28 为中国居民平衡膳食宝塔（2022）。

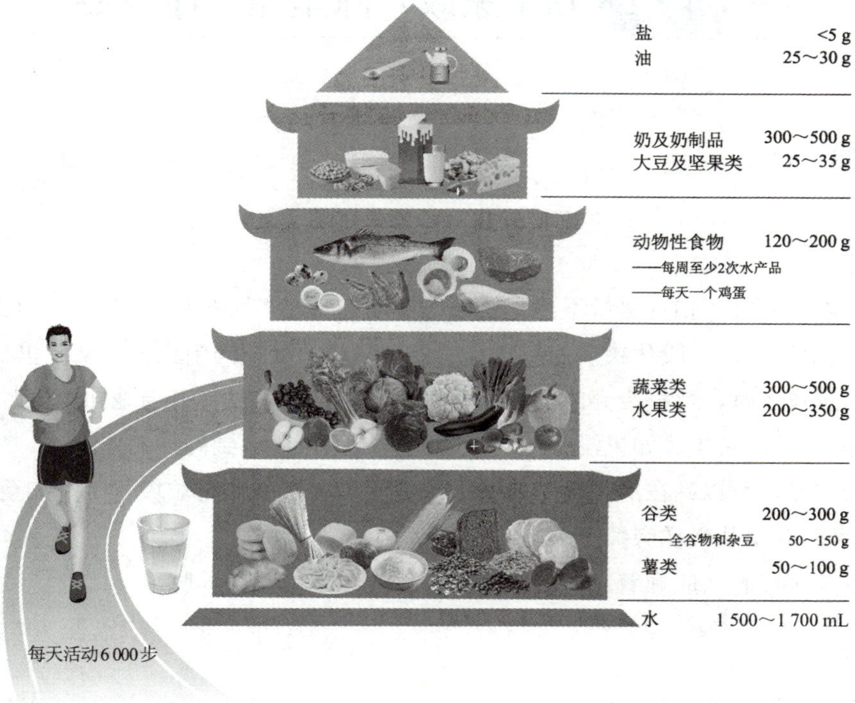

图 5-28 中国居民平衡膳食宝塔（2022）

案例在线

学生的美食荟萃之旅

石家庄铁道大学四方学院将在线上课与居家劳动紧密结合，发起了一项“晒美食”活动。众多学生纷纷亮出自己的“绝招”，开始了一场美食荟萃之旅。

一道菜就是一种文化，一道菜就是一部“舌尖上的中国”。新疆的大盘鸡、山西的臊子面、贵州的炸土豆片、湖南的红烧肉、湖北的热干面……学生们来自祖国各地，通过展示自己的劳动成果传递着家乡饮食文化，进行着文化和情感交流。

来自辽宁省丹东市的小李，因为喜欢做饭，经常“晒”自己做的美食，人送外号“李厨”。他通过网络，向同学和老师展示了水煮鱼、酒煮蛤蜊、油炸鸽子、东北乱炖等的做法。“寒假期间，家里的饭基本都是我做的。我们不能缓解父母的经济压力，那就多承担一些家务，减轻父母的负担。”小李说。

“身教胜于言传。做饭是每个人都应该掌握的一项生活技能，而这项生活技能只有通过实践才能掌握。我的做饭水平不太高，但是为了给学生做个好榜样，我一直坚持做饭并与学生分享。”此次活动的发起者刘老师说。

第三节 勤于家政：除尘垢，净身心

一、扫地拖地

（一）扫地

（1）清扫室内地面时，扫帚尽量不离开地面；挥动扫帚时，可稍用力向下压，这样既能清扫灰尘和垃圾，又能防止灰尘扬起；一般从狭窄处扫向宽广处、从边角处扫向中央处、从屋里扫向门口。

（2）地上毛发较多时，可将废弃的旧丝袜套在扫帚上扫地。丝袜在与地面摩擦时会产生静电效应，很容易吸附地上的毛发和灰尘。如果没有丝袜，套塑料袋也可以起到同样的作用。

（3）清扫楼梯时，可以站在清扫台阶的下一级或两级台阶处，将垃圾从两端扫至中央再往下扫。这样能有效防止垃圾和灰尘从楼梯旁掉下去。

（4）清扫室外区域时，应顺着风向扫，以免扫过的区域被再次弄脏。

（二）拖地

（1）巧用食盐。用温水加上食盐拖地，不仅能加快地面上水的蒸发速度，不留水渍，还能杀菌、抑菌。

（2）巧用洗洁精、醋和小苏打。在擦洗地板的水中加入少量洗洁精、醋或小苏打，不仅能轻松除尘，还能有效去油污。

（3）巧用柠檬汁。柠檬汁中的烟酸和有机酸具有杀菌作用。拖地时，在水里加少量柠檬汁，不仅能有效杀菌，还能保持空气清新。

二、门窗除垢

（1）清理门窗边框。先用废旧牙刷或专用的小刷子清理缝隙里的污渍，再擦拭门窗边框。

（2）擦拭玻璃。第一遍用湿布擦拭，第二遍用干报纸擦拭。用干报纸擦拭不仅能擦干玻璃上的水分，还能避免在玻璃上留下痕迹，使玻璃更加干净明亮。

（3）对于纱窗，可不定时用水冲洗或用湿布擦拭，避免纱窗上落满灰尘。

知识链接

玻璃擦拭技巧

（1）有些玻璃用久了会发黑，对于这种玻璃，可用细布蘸取适量牙膏擦拭。

（2）沾染了油漆的玻璃可用绒布蘸取适量食醋擦拭。

（3）玻璃上的顽固污渍可用湿布蘸取适量白酒擦拭。

（4）用洗刷鲜蛋壳时得到的蛋白与水的混合溶液擦拭玻璃，可有效增加玻璃的光泽。

（5）沾染了石灰水的玻璃可用湿布蘸取适量细沙轻轻擦拭。

三、勤于清洗

（一）冰箱清洗

在使用冰箱的过程中，应定期对冰箱进行清洗（每年至少两次）。清洗冰箱时要先切断电源，然后用软布蘸上清水或洗洁精，沿着冰箱内壁轻轻擦拭（见图 5-29）。为防止损坏冰箱涂层，请勿使用洗衣粉、去污粉、开水、刷子等清洗冰箱。

图 5-29　擦拭冰箱内壁

对于冰箱内可拆卸的部件，应拆下后用清水或洗洁精清洗。清洗完冰箱主体和各种部件后，不要立即关闭冰箱门，而应待冰箱内部彻底干燥后，再关闭冰箱门，插上电源。

（二）床上用品清洗

床上用品会与皮肤直接接触，平时要注意清洗床上用品。一般来说，床上用品的清洗频率应根据季节来确定。建议夏季一周清洗一次，冬季两周清洗一次。最好在晴天清洗，让清洗后的床上用品接受紫外线的照射，从而有效清除细菌和螨虫。

四、垃圾分类

“垃圾围城”已经成为困扰全球各大城市的难题，具体包括填埋场占用耕地、垃圾造成长期污染、垃圾焚烧厂影响周边居民的生活等。解决“垃圾围城”问题，离不开垃圾分类。

（一）垃圾分类的意义

垃圾是放错地方的资源。垃圾分类就是将垃圾分门别类地投放，并通过分类清运和回收，使之重新变成资源。垃圾分类的意义如下。

1．减少环境污染

我国现有的垃圾处理方式主要包括填埋和焚烧。即使是在远离生活场所的区域对垃圾进行填埋并使用相应的隔离技术，也难以杜绝有害物质渗透。这些有害物质会逐渐进入整个生态圈，污染水源和土地，进而影响人们的身体健康。另外，焚烧垃圾也会产生大量危害人体健康的有毒物质。

其实，很大一部分垃圾是不需要填埋和焚烧的。如果我们能够做好垃圾分类，就能减少填埋和焚烧的垃圾，从而减少环境污染。

2．节省土地资源

采用填埋方式会占用土地资源，且垃圾填埋场属于不可重复使用场所，即不能将垃圾填埋场重新作为生活小区使用。但是对垃圾进行分类，可以使人均生活垃圾产生量减少 2/3，从而节省大量的土地资源。

3．促进资源的循环利用

垃圾的产生源于人们没有利用好资源，将自己不用的资源当成垃圾丢弃，这种行为对整个生态系统造成的破坏是不可估量的。通过垃圾分类回收可利用的垃圾，就可以将垃圾变废为宝，促进资源的循环利用，从而保护生态环境。

此外，垃圾分类后，对不同的垃圾采用不同的处理方式，还可以降低垃圾的处理成本，提高垃圾的处理效率。例如，进行垃圾分类后再进行分类焚烧，能够起到减量（减少垃圾处理量）、减排（减少污染排放量）、提质（改善燃烧工况）、提效（提高发电效率）的作用。

4．提高民众的环保意识

垃圾分类是处理垃圾公害的最佳方法。施行垃圾分类，能够提高民众的环保意识，使其学会节约资源、合理利用资源，养成良好的生活习惯。一个具有良好的垃圾分类习惯的人，一定会关心环境保护问题，珍惜资源，节约资源。

（二）垃圾分类标准

《生活垃圾分类标志》（GB/T 19095—2019）将生活垃圾分为可回收物、有害垃圾、厨余垃圾和其他垃圾四大类，其对应标志如图 5-30 所示。

图 5-30　四大类生活垃圾标志

生活垃圾分类标志由 4 个大类标志和 11 个小类标志组成，类别构成如表 5-1 所示。其中，厨余垃圾和其他垃圾又可分别称为湿垃圾和干垃圾。

表 5-1　标志的类别构成

序号	大类	小类	说明
1	可回收物	纸类	表示适宜回收利用的各类废书籍、报纸、纸板箱、纸塑铝复合包装等纸制品
2		塑料	表示适宜回收利用的各类废塑料瓶、塑料桶、塑料餐盒等塑料制品
3		金属	表示适宜回收利用的各类废金属易拉罐、金属瓶、金属工具等金属制品
4		玻璃	表示适宜回收利用的各类废玻璃杯、玻璃瓶、镜子等玻璃制品
5		织物	表示适宜回收利用的各类废旧衣物、穿戴用品、床上用品、布艺用品等纺织物
6	有害垃圾	灯管	表示居民日常生活中产生的废荧光灯管、废温度计、废血压计、电子类危险废物等
7		家用化学品	表示居民日常生活中产生的废药品及其包装物、废杀虫剂和消毒剂及其包装物、废油漆和溶剂及其包装物、废矿物油及其包装物、废胶片及废相纸等
8		电池	表示居民日常生活中产生的废镍镉电池和氧化汞电池等
9	厨余垃圾（湿垃圾）	家庭厨余垃圾	表示居民家庭日常生活过程中产生的菜帮、菜叶、瓜果皮壳、剩菜剩饭、废弃食物等易腐性垃圾
10		餐厨垃圾	表示相关企业和公共机构在食品加工、饮食服务、单位供餐等活动中产生的食物残渣、食品加工废料和废弃食用油脂等
11		其他厨余垃圾	表示农贸市场、农产品批发市场产生的蔬菜瓜果垃圾、腐肉、肉碎骨、水产品、畜禽内脏等
12	其他垃圾（干垃圾）	—	表示砖瓦陶瓷、灰土、卫生间废纸等

注：除上述 4 大类外，家具、家用电器等大件垃圾和装修垃圾应单独分类。

探究与分享

有人说，垃圾分类有什么难的，不就是由一个桶分成了四个桶。你认同这种观点吗？请结合你的体会谈谈垃圾分类的重要性和分类时需要注意的事项。

（三）垃圾分类及垃圾投放要求

根据物品的材质和性质，分析物品属于哪类垃圾。具体来说，应根据物品的材质，判断其是否属于纸类、塑料、金属、玻璃、织物，从而确定其是否属于可回收物；根据物品对人体和自然环境是否有害，判断其是否属于有害垃圾；厨余垃圾具有容易腐烂、破碎等特点；其余物品都属于其他垃圾。对于不能准确判断类别的垃圾，也可把它归为其他垃圾。

扫一扫

如何进行垃圾分类

1．可回收物

可回收物（见图 5-31）是指适宜回收利用的生活废弃物。值得注意的是，以下物品不宜当作可回收物投放：

（1）污损的纸张、餐巾纸、卫生间用纸、湿巾、一次性纸杯、厨房用纸等纸制品。

（2）污损的塑料袋、一次性手套、一次性塑料饭盒等塑料制品。

（3）废金属油漆桶、液化气罐等金属制品。

（4）玻璃钢制品。

（5）内衣和严重污损的纺织物。

（6）国家有关法律法规禁止回收的其他物品。

图 5-31　可回收物

投放要求：

（1）应尽量保持物品清洁、干燥，避免污染。

（2）对于立体包装物，应清空包装里面的东西后压扁投放。

（3）对于易破损或有尖锐边角的物品，应包裹后投放。

2. 有害垃圾

有害垃圾（见图 5-32）是指生活垃圾中对人体健康或自然环境造成直接或潜在危害的废弃物。有害垃圾必须单独收集和运输，并由环保部门认可的专业机构进行特殊处理。

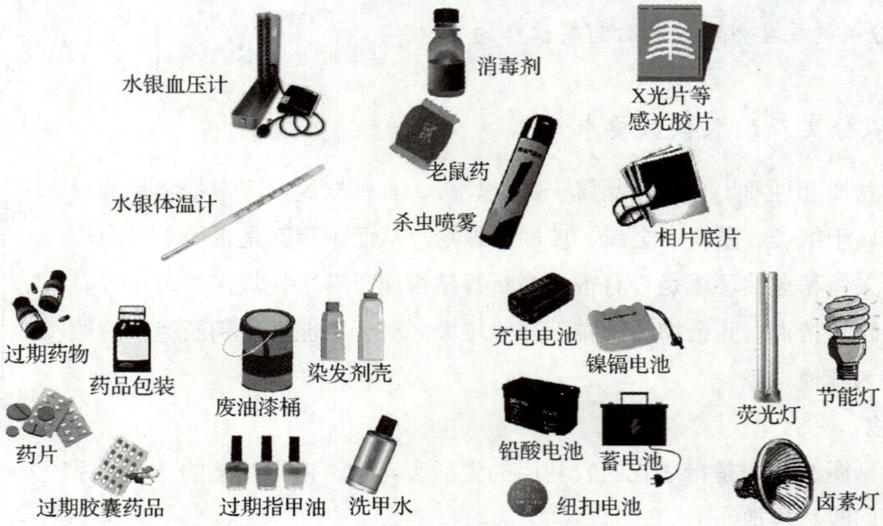

图 5-32　有害垃圾

投放要求：

（1）投放时应注意轻放。

（2）对于药品，应连带包装投放或包裹后投放。

（3）对于罐装容器，应排空容器内的东西后投放。

另外，在公共场所产生有害垃圾但未发现对应的收集容器时，应将其携带至有害垃圾投放点再投放。

3. 厨余垃圾

厨余垃圾（见图 5-33）是指食材废料、剩饭剩菜、过期食品、瓜果皮核、花卉绿植、中药药渣等易腐烂的、含有机质的生活废弃物。

图 5-33　厨余垃圾

投放要求：

（1）应在厨余垃圾产生时就将其与其他种类的垃圾分开收集。

（2）投放厨余垃圾前，应尽量沥干垃圾中的水分。

（3）对于有外包装的厨余垃圾，应去除外包装后投放。

另外，在公共场所产生有害垃圾但未发现对应的收集容器时，应将其携带至有害垃圾投放点再投放。

4. 其他垃圾

其他垃圾（见图 5-34）是指除可回收物、有害垃圾、厨余垃圾外的生活垃圾，包括烟蒂、橡皮泥、灰土、瓷器碎片等。应将其他垃圾投放至其他垃圾收集容器中。

图 5-34　其他垃圾

5. 大件垃圾

对于沙发、床垫、床、桌子等大件垃圾（见图 5-35），可以预约可回收物回收经营者或者大件垃圾收集运输单位上门回收，或者将其投放至管理责任人指定的场所。空调、电冰箱、洗衣机、电视机等大型家用电器也属于大件垃圾。处理此类垃圾时，可预约规范的电子废弃物回收企业上门回收，或按大件垃圾管理要求投放。

图 5-35　大件垃圾

需要注意的是，对于小型家用电器如笔记本电脑、手机、电饭煲等，可按照可回收物的投放要求进行投放。

6. 装修垃圾

装修垃圾（见图 5-36）包括碎马桶、碎石块、碎砖块、废砂浆及弃料等。应分别收集装修垃圾和生活垃圾，并将装修垃圾装袋后投放到指定场所。

图 5-36　装修垃圾

探究与分享

香水瓶、牙刷、毛巾分别属于什么垃圾？应该如何投放？

实践活动

做家务，助成长

“一屋不扫，何以扫天下。”要想成就一番事业，就必须从小事做起，从身边做起，主动培养自己的生活自理能力。学生应主动参加家务劳动，学习家务劳动技能，真正做到生活自理、人格自立、精神自强。这样才能高效地处理好生活中的各种琐事，让自己有更多时间、精力来学习，不断提高和完善自身素养。

完成几项家务劳动，然后写一篇日记，记录自己参加家务劳动的过程和对参加家务劳动的感想。

活动记录

参加家务劳动的过程：

对参加家务劳动的感想：

活动评价

老师可参考表 5-2 对学生在实践活动中的表现进行评价。

表 5-2　实践活动评价表

评价标准	分值	分数小计	老师评价
深刻理解参加家务劳动的意义	20		
能认真、高效地完成家务劳动，总结做好家务劳动的经验	30		
能清楚、有条理地记录做家务劳动的过程	20		
对参加家务劳动有深刻的思考，并能清楚地表达出来	30		
总　计	100		

第六章 开展校园劳动，绽放美好青春

对学生来说，校园不仅是知识的殿堂，也是生活的家园。爱护校园环境，共建和谐校园，是学生义不容辞的责任。

学生积极参加校园劳动，能够磨炼意志，培养良好的劳动品质，进而达到树德、增智、强体、育美的目的。

知识目标

- 理解"绿水青山就是金山银山"的内涵，掌握绿化环保行动的要点和践行绿色环保理念的方式。
- 了解寝室美化和校园环境维护的相关要求。
- 了解勤工助学的相关规定，明白如何选择合适的勤工助学岗位，做好勤工助学面试准备工作。

素质目标

- 牢固树立"绿水青山就是金山银山"的理念，增强社会责任感，助力美丽中国建设。
- 通过参加校园美化活动，践行绿色环保理念，共建生态文明家园。
- 通过参加勤工助学活动，磨炼自己的意志，体悟劳动成果的来之不易，争做勤工助学先进个人。

课堂引例

美丽校园，共建共享

为引导学生树立正确的劳动观念、形成良好的劳动习惯，对外经济贸易大学于 2020 年 11 月 19 日—26 日开展了以“美丽校园，共建共享”为主题的校园大扫除活动。

2020 年 11 月 19 日 13:30，校园大扫除活动正式拉开帷幕。在学校爱国卫生运动领导小组的统一指挥下，各学院按照划分好的劳动区域，积极组织教职工、学生进行校园大扫除活动。

校园里，随处可见手持劳动工具劳动的教职工和学生。道路两侧的绿化带中，学生拿着扫帚认真清扫落叶。校园广场里，劳动分工恰到好处，有的学生负责清扫落叶，有的学生负责捧起聚积的落叶，有的学生负责撑开垃圾袋，如图 6-1 所示。教学楼之间的道路上，工作人员驾驶着垃圾车，运输着一袋袋由学生收集的垃圾和落叶。

图 6-1　学生在合作劳动

寒风阵阵袭来，但大家的热情丝毫不减。在教职工和学生的积极参与下，短短几个小时，早已被落叶铺满的校园大道焕然一新，垃圾桶旁掉落的垃圾也不见踪影，校园在阳光的照耀下，显得格外的干净、整洁。

想一想

（1）你参加过校园大扫除活动吗？

（2）你如何看待校园大扫除活动？

第一节 争做校园美化大使

一、做绿化环保践行者

生态环境保护是功在当代、利在千秋的事业。要清醒认识保护生态环境的紧迫性和艰巨性，清醒认识加强生态文明建设的重要性和必要性；要像保护眼睛一样保护生态环境，像对待生命一样对待生态环境；要坚定“绿水青山就是金山银山”，做绿化环保践行者。

（一）绿水青山就是金山银山的内涵

“绿水青山就是金山银山”理念源自生态文明建设实践，蕴含着绿色生态是最大财富的深刻道理。我们既要绿水青山，也要金山银山。宁要绿水青山，不要金山银山，而且绿水青山就是金山银山。

1. 既要绿水青山，也要金山银山

“既要绿水青山，也要金山银山”是经济社会发展与生态环境保护这一矛盾的“正题”。绿水青山与金山银山作为矛盾的两个方面，蕴含于社会主义建设的母题之中。“绿水青山就是金山银山”理念驳斥了两种极端的机械发展思维，一种是以牺牲经济社会发展为代价致力于保护生态环境的思维，一种是以舍弃生态环境为代价换取经济发展的思维。

“既要绿水青山，也要金山银山”强调生态环境保护与经济社会发展相辅相成、不可偏废，要把生态优美和经济增长“双赢”作为科学发展的重要价值标准。在“绿水青山就是金山银山”理念构想的历史图景中，绿水青山与金山银山都是人类社会发展的客观需要，两者不是非此即彼的对立物，而是能够和谐共存、并行不悖的统一体。

2. 宁要绿水青山，不要金山银山

“宁要绿水青山，不要金山银山”是经济社会发展与生态环境保护这一矛盾进一步发展所呈现出的“反题”。经济社会发展与生态环境保护之间的矛盾在历史发展中不断展开，经济社会发展对自然资源的过度索求造成生态环境恶化，人与自然之间的相对平衡状态被打破。“绿水青山就是金山银山”理念从实现人的全面发展以及人类社会整体和长远利益出发，抓住了矛盾的主要方面，因为“绿水青山可带来金山银山，但金山银山却买不到绿水青山”，必须摒弃以牺牲生态环境为代价换取经济社会进步的发展模式，改变以眼前利益换取长远利益的思维方式。

“宁要绿水青山，不要金山银山”强调绿水青山是比金山银山更基础、更宝贵的财富，当生态环境保护与经济社会发展发生冲突时，必须把保护生态环境作为优先选择。

扫一扫

绿水青山就是金山银山

3. 绿水青山就是金山银山

“绿水青山就是金山银山”强调优美的生态环境就是生产力和社会财富，凸显了生态环境在经济社会发展中的重要价值。在“绿水青山就是金山银山”这一理念中，自然资源不仅是经济社会发展的物质基础，它本身也是财富，保护、开发和利用好自然资源就是积

蓄财富、发展经济。

发达国家的经验证明，当经济社会发展度过粗放型的起飞阶段，步入集约发展的高级阶段之后，生态环境越好，发展机遇越多，发展潜力越大，良好的生态环境对高科技人才的吸引力、对以高新技术为核心的现代产业的支撑能力就越强。好的生态环境本身越来越成为重要的天然资本，绿水青山会源源不断地带来金山银山。

案例在线

江西省萍乡市安源区：昔日废弃矿山变“网红打卡地”

“一二一，左右左，注意步调……”美丽的樱花树下，一个手机支架，一群活力四射的大姐正在拍摄短视频。她们的拍摄地正是江西省萍乡市安源区青山中医药健康养生小镇（以下简称“养生小镇”）。

这里曾经是萍乡市焦宝煤矿所在地。过去，这里的污染十分严重。如今，这里山清水秀，绿树成荫，鸟语花香，如图 6-2 所示。

图 6-2　风景如画的养生小镇

“满山都是花香，空气也十分清新，周末好多城里人到我们这里游玩，我们超市的生意比以前好了很多。”说起养生小镇给村里带来的好处，一家超市的经营者小漆喜上眉梢。

焦宝煤矿曾经为萍乡市的经济建设做出了重要贡献，到 2012 年关停时，已经连续开采了 40 年。因常年开采煤矿对植被造成了严重破坏，青山变成了千疮百孔的废弃矿山。

治沉疴须下猛药，改善群众生存环境，修复矿山刻不容缓。2017 年，安源区抓紧落实国家矿山修复政策，坚持“绿水青山就是金山银山”的发展理念，在焦宝煤矿所在地建设养生小镇。小镇以中医医疗为依托，以医养结合为抓手，覆盖了医疗、文化旅游、养生养老、中医药教学培训、中草药种植、中药研发等六大板块。截至 2021 年 3 月，小镇客厅、康养游步道、中草药种植园、中医药人才培训中心已建设完成。

矿山上主要种植了牡丹、芍药、白及、玉簪等药材，还种植了银杏、杜鹃、樱花等观赏性植物。春暖花开的时节，遍地的花儿应季而开，花香、药草香沁人心脾。相关负责人介绍说：“2021 年春季，每天来养生小镇游玩的游客有好几百人。建设养生小镇加快了本地生态修复的进程，而且中医药康养产业是朝阳产业，前景非常可观。”

青山隐隐，花草芬芳。沿着康养游步道漫步，时不时就会听到拍照的快门声。樱花树下的情侣、亲子乐园中欢快的儿童、中草药种植园中忙碌的工人，交织成一幅美丽的图画。

探究与分享

地球是人类唯一的家园。地球上除了人类，还有各种各样人类赖以生存的生命与物质：花草树木、虫鱼鸟兽、空气、水、阳光等。这些生命与物质和人类一起，构成了这个和谐的地球。

地球为所有生命提供了一个适合其生存的系统——空气、水、阳光、各种能源等。如果这个系统遭到破坏，包括人类在内的所有动植物的生存环境就会受到不同程度的影响。因此只有保护环境，保护人类赖以生存的地球，才能保护人类自己，才能让人类的生活环境更舒适，使人类的文明得以延续。

结合上文，谈谈环境保护对于人类的重要性。

（二）绿化环保行动

保护环境，人人有责。让中华大地天更蓝、山更绿、水更清、环境更优美，需要动员全社会力量推进生态文明建设，需要我们把保护环境化为自觉行动。

1. 形成绿色发展价值取向

绿色发展是绿色与发展的有机结合，其目的是满足人民群众对美好生活的追求，其核心是正确处理“绿水青山”与“金山银山”的关系，其要义是人与自然和谐共生。价值取向是主体基于自己的价值观在处理矛盾冲突时所持的基本倾向，包括价值立场、价值态度和价值倾向三方面内容。

其中，绿色发展的价值立场回答了“绿色发展为了谁”的问题，绿色发展既要提供更多优质生态产品以满足人民日益增长的优美生态环境需要，又要依靠人民群众创造优美生态环境，建设美丽中国。

绿色发展的价值态度回答了“怎样处理好金山银山与绿水青山的问题”。从唯物辩证法的观点出发，做出“既要绿水青山，也要金山银山”的价值选择。当经济社会发展与生态环境保护发生冲突时，要把握重点，“宁要绿水青山，不要金山银山”，最终在实践中把握两者的统一，即“绿水青山就是金山银山”。

绿色发展的价值倾向回答了“人与自然处于何种价值关系的问题”。人与自然的关系既不是原始社会中的“主奴”关系，也不是机械社会中的“工具”关系，而是新时代中国特色社会主义中的“和谐共生”的关系。

绿色发展价值取向不仅是一种理念，更是一种实践，其路径是将绿色发展价值取向融入经济、政治、文化、社会建设中，使绿色发展成为满足人民美好生活需要的幸福发展之路。

时代楷模

补浪河女子民兵治沙连：愿洒浑身千滴汗，誓叫沙漠变绿洲

2020 年 4 月，陕西省林业局公布消息称，榆林市沙化土地治理率已达 93.24%。这意味着唐朝时就已存在的中国四大沙漠之一——毛乌素沙漠（见图 6-3）即将彻底消失。

昔日治沙

今日景象

图 6-3　毛乌素沙漠今昔对比

陕西省榆林市地处毛乌素沙漠和黄土高原过渡地带，中华人民共和国成立前，这里十分荒凉。为了治理风沙，给沙漠披上绿装，补浪河女子民兵治沙连（以下简称“补浪河治沙连”）在 14 任连长的带领下，累计推平沙丘 800 多座，营造防风固沙林带 35 条。她们植绿大漠，以“敢叫日月换新天”的英雄气概，演绎了可歌可泣的治沙壮举。

初心

1974 年，补浪河公社党委响应党的号召，成立了一支女子治沙突击队，这就是补浪河治沙连的前身。童军、王莲芳、席永翠、杨秀珍……54 名平均年龄为 18 岁的姑娘们，背起背包，扛着红旗，义无反顾地向着风沙肆虐的毛乌素沙漠挺进。

尽管困难重重，但只要每天一早军号吹响，姑娘们便齐刷刷地扛起铁锹出工劳动。当时没有树苗，她们就去 10 千米外的地方背。盛夏，沙地里的气温高达 40℃，她们踩着滚烫的沙子担水，为新栽的树苗浇水，不少姑娘被晒得脱了皮；寒冬，她们顶着刺骨寒风，为树苗搭设遮蔽物，手脚冻出一道道口子。

她们不仅要背树苗，还要育树苗。姑娘们推着木轱辘小车，连续 60 天从 10 千米外挖来 5 000 立方米黑土，垫出大块育苗地。到初夏，幼苗已长高了好几厘米，望着在沙漠里千辛万苦养出的一点点新绿，姑娘们露出了自豪的笑容。

到 1976 年底，这支女子治沙突击队共推平大小沙丘 10 多座，挖马槽井 6 个，种树 10 多万株。

传承

治沙姑娘一茬接着一茬，“什么苦都能吃、什么累都能受”的劲头也一直在传承。1979 年，接力棒传到潘生清这一代热血女青年手中，她们加快了步伐。

当时连队规定每人每天要挖大坑 60 个，小坑 100 个。一天下来，手上磨起了血泡，姑娘们就扯一块粗布条裹在血泡上，拿起工具接着干。仅用了 56 天时间，她们就建成了一个面积为数千平方米的用材林基地。

使命

现在的补浪河治沙连队员何阿宁是名“95 后”，她亲切地称呼时常来连队看望的老队员们为“奶奶”。每当看到她们，何阿宁就觉得什么苦都不值得一提，她更深刻地理解了一句话：“哪有什么岁月静好，不过是有人在替你负重前行。”

“虽然现在我们不用再吃老一辈的苦了，但无形的压力时刻都有，这毕竟是前辈们用血汗为我们打造的‘绿色家园’。传承治沙连精神，在自己的岗位上尽职尽责、拼搏奋斗，是我们的使命。”补浪河治沙连现任连长席彩娥说。

大漠驼迹绝，塞上柳色新。数十年来，榆林市坚持治沙，使得毛乌素沙漠的面积不断缩小，林木覆盖率由中华人民共和国成立之初的0.9%提高到34.8%。

“绿水青山”来了，“金山银山”也跟着来了。这些年，榆林市风沙区大棚种植、育苗、沙漠旅游等产业蓬勃兴起，全市从事相关产业的企事业单位超过150家，年产值达到4.8亿元，从业人员多达10万余人。

2. 形成绿色生活方式

绿色生活方式是指通过重塑主体生产活动以外的最基本的社会行为和社会价值观，形成一种崭新的生活方式，这种生活方式在不影响甚至提升主体生存质量的同时，给环境带来的负担最小，并以此为契机实现人类社会与自然的和谐发展。

这一定义包括四层含义：① 绿色生活方式的主体包括个体和群体；② 绿色生活方式的客体包括社会环境和自然环境；③ 构建绿色生活方式的基本思路是通过生活方式的二重性重塑社会结构；④ 绿色生活方式的目标包括提升主体生存质量、不增加客体的负担、最终实现人类社会与自然环境的和谐发展。

绿色生活方式是一种注重环保的、健康的、高质量的生活方式。形成绿色生活方式，需要坚持节约优先，在衣、食、住、行、游等方面形成节约的行动自觉；需要倡导绿色消费，推广绿色服务，提倡绿色食品，鼓励绿色居住，普及绿色出行，发展绿色旅游，反对奢侈浪费和不合理消费。

实现生活方式绿色化，时时可做，处处可为。大到购买节能与新能源汽车、高能效家电、节水型器具等节能环保产品，小到减少使用塑料购物袋、塑料餐盒等一次性用品，乃至随手关灯、拧紧水龙头，都是在践行绿色生活方式，都是在为绿色发展做贡献。

（三）践行绿色环保理念

绿色发展是理念，更是实践，需要坐而谋，更需起而行。只要坚持知行合一、从我做起，坚持步步为营、久久为功，就一定能换来蓝天常在、青山常在、绿水常在，就一定能开创社会主义生态文明新时代，赢得中华民族永续发展的美好未来。

践行绿色环保理念，具体可从以下几个方面做起。

1. 低碳办公

（1）使用自然光。在自然光线充足的地方办公时，可以通过调节灯泡亮度或者少开灯甚至不开灯来减少照明用电，这样做还可以延长灯泡的使用时间。

（2）科学用电脑。将电脑屏幕的亮度调至适中，既能保护眼睛又能省电；将电脑的电源模式设为节能模式，用待机模式替代屏幕保护模式；下班后随手拔掉电脑插头，不仅节约用电，还能延长电脑的使用寿命。当然，在配置电脑时，可以优先选择低功耗的小机箱电脑，避免配置过高造成能耗浪费。

（3）无纸化办公。尽量通过办公自动化系统、电子邮件、QQ、微信、钉钉等多种网络通信工具传递办公信息，以减少打印机墨粉和纸张的消耗。必须打印、复印时，可选用双面打印、复印模式，实现节能减排。

2. 低碳出行

（1）增加公共交通使用频次。近距离出行时，最好选择步行或者骑自行车；远距离出行时，尽可能选择乘坐公交车或地铁等公共交通工具。

（2）减少航空飞机的乘坐频次。如非必要，出门远行时，优先选用污染较小的火车、汽车、轮船等交通工具，减少飞机的乘坐频次。若必须乘坐飞机，也应尽量选择直飞航班，以减少航程。

（3）科学配置私家车。在购买私家车时，可优先考虑新能源汽车或低排量汽车。驾驶汽车时，应保证车况良好，车况不良不仅会造成交通出行安全隐患，还会导致能耗增加。

3．低碳饮食

（1）减少食物浪费。积极践行“光盘行动”，倡导“按需取餐”，不超量点餐，自助餐取用不过量，厨房不多做，从源头上减少不必要的浪费。

（2）合理搭配膳食。食用同等重量的肉类比蔬菜排放的温室气体更多。荤素搭配，合理饮食，不暴饮暴食，不过度吃肉，在保证营养的情况下每周少吃一顿肉，有助于减少二氧化碳排放。

（3）少用一次性餐具。提倡自带餐具或使用可循环使用的餐具，减少一次性餐具的使用。

（4）选择本地和周边地区的农副产品。优先选择本地和周边地区的农副产品，这样既能保证食品新鲜健康，又能间接减少因运输和加工排放的温室气体。

4．低碳穿着

（1）减少对服饰的过度消费。提倡按需购买服饰，避免盲目消费。据统计，每人每年少买一件不必要的衣服，可减排 6.4 千克的二氧化碳。

（2）提倡衣物回收利用。可以利用衣物回收箱或者通过社会组织等途径，将闲置衣物捐献给有需要的人，实现衣物的再利用。

（3）集中洗涤衣物，少量小件衣物可手洗。洗衣时，尽量使用无磷低泡洗衣粉，以减少漂洗次数和对水体的污染。

（4）合理使用烘干设备。天气晴朗时，可选择自然晾干方式，以减少烘干设备的使用。

5．低碳居住

（1）减少电梯的使用。楼层较低的住户，可选择楼梯上下楼，以减少电梯的使用，降低电耗及碳排放。

（2）合理设置空调温度。使用空调时，夏季温度应设定在 26℃，冬季温度应设置在 20℃。这样既能保证温度适宜，又能有效降低家电的碳排放。

（3）养成节约用水的生活习惯。具体应做到：① 用盆接水来洗东西比直接冲洗更省水；② 淘米水可用来洗菜或洗碗，洗完菜的淘米水可用来浇花，残余茶水可用来擦家具；③ 菜先择后洗，能够避免浪费水；④ 用洗洁精洗瓜果蔬菜改为用盐水浸泡冲洗；⑤ 将旋转式水龙头换成节水龙头，如图 6-4 所示。

图 6-4　节水龙头

（4）养成节约用电的生活习惯。具体应做到随手关灯，电灯、电器不用时应及时关闭并断电。

探究与分享

在日常生活中，还有哪些好的习惯能帮助我们节能减排？

二、做寝室美化行动者

（一）文明寝室建设要求

寝室是学习和生活的重要场所。寝室的卫生状况能够体现一个人的精神面貌和素质，直接关系到其身心健康。学生应将文明寝室建设内化为自觉追求，外化为自觉行动。

（1）文明寝室应满足“六净”“六无”“六整齐”的要求，如图 6-5 所示。

图 6-5　干净整洁的寝室

- ✧ **“六净”**：地面干净、墙面干净、门窗干净、玻璃干净、桌椅干净、其他物品整洁干净。
- ✧ **“六无”**：无杂物、无烟蒂、无乱挂现象、无蜘蛛网、无酒瓶、无异味。
- ✧ **“六整齐”**：桌椅摆放整齐，被褥折叠整齐，毛巾挂放整齐，书籍叠放整齐，鞋子摆放整齐，其他用具摆放整齐。

（2）每天应自觉做到“六个一”、自觉遵守“六个不”，保持寝室良好的生活环境。

- ✧ **“六个一”**：叠一叠被子，扫一扫地面，擦一擦桌面，整一整柜子，理一理书架，倒一倒垃圾。
- ✧ **“六个不”**：不进出异性寝室，不留宿外来人员，不放置危险物品，不使用违规电器，不损坏公共设施，不乱扔果皮纸屑。

（3）杜绝不文明行为，不在寝室内养宠物，不抽烟，不在门口丢放垃圾，不乱用公用洗衣机。

探究与分享

你对文明寝室建设有哪些好的提议？

（二）寝室的美化原则与创意要点

1．美化原则

（1）简洁大方原则。寝室面积通常不大，没有必要摆放过多的装饰品，否则会显得杂乱。

（2）温馨舒适原则。寝室是放松和休憩的地方，在美化时要营造一种温馨、舒适的氛围，让寝室充满家的温暖气息。

（3）营造学习氛围原则。寝室除了是放松和休憩的地方，还是学习的场所。在美化时，要从色彩、风格等方面，营造一个安静的、适宜学习的空间。

知识链接

寝室美化小窍门

1. **衣柜整理**

寝室里的衣柜大多是直筒式的，隔断比较少，在放置衣物时比较浪费空间。使用衣柜隔板在衣柜中划分出合适的区域，有利于提高衣柜空间的利用率。此外，还可以在衣柜中放置多层收纳筐，这样既能充分利用空间，又能将贴身衣物、帽子、手提包等分类收纳。如果衣柜里没有挂衣杆，可以用伸缩棒代替。

2. **桌面美化**

使用桌面置物架和桌下挂篮，可以让桌子拥有更多的收纳空间。

（1）桌面置物架。桌面置物架是一种既轻便又实用的收纳工具，价格便宜，不仅能够收纳桌面上的小物件，还能够很好地装饰空间。

（2）桌下挂篮。桌下挂篮能够创造隐形的收纳空间，用于放置各种小物件。

3. **床边装饰**

床边挂篮和床边挂袋是非常实用的收纳和装饰物品，能够放水杯、纸巾、书籍等。合理利用床边挂篮和床边挂袋，不仅可以避免经常爬上爬下拿东西，还可以保证床铺整洁。

2. 创意要点

（1）彰显寝室文化。每个寝室都有不同的文化，在美化时要充分考虑自己寝室的文化，设计应别出心裁。

（2）用材节约，变废为宝（见图 6-6）。在美化寝室时，应尽量选用易拉罐、雪糕棍、牛奶盒、饮料瓶、废纸箱等容易被忽略的生活垃圾和旧物；如果将其做成各种实用的生活用品，不仅创意十足，还能向周围的人传递一种绿色环保的生活理念。

用易拉罐做盆栽

用雪糕棍做笔筒

图 6-6　变废为宝

（3）彰显个性。寝室由多个小空间组成，每个小空间都是使用者的“家”。在美化时，每个人应在整体风格统一的基础上，充分考虑自己的使用需求和审美偏好，打造专属空间，彰显自己的个性。

青春风采

工科生花 300 元打造最美寝室

男生寝室变成“天空之城”，创意源于山城天气

走进重庆大学松园一栋 355 寝室，当灯光亮起，蓝色天花板折射的光让整个房间变成蓝色，身在其中犹如置身海洋一般，大海之蓝，清澈夺目。

这一创意的提出者是来自浙江的吴康杰。他从小住在沿海地区，经常见到蓝色的大海。他的设计灵感来源于重庆的天气。重庆的阴雨天气很多，也很少看到星星，所以他希望将蓝色的天空搬到寝室里来。

除了对大海的渴望，吴康杰选择将蓝色作为寝室的主色调，还有一番用意。他解释道：“每种颜色都会带给人不一样的情绪反应。蓝色会给人带来一种深邃、平静的力量，能帮助人在喧闹的生活中静下心来。寝室是学习和休息的地方，我使用大量的蓝色，希望可以让室友感觉到平静、安宁。”

4 人熬夜纯手工制作，约 300 元打造梦幻寝室

设计工作完成后，4 个小伙子开始动手装饰寝室。“我们只买了几种颜色的海绵纸和卡纸，打算自己动手剪成各种形状，但后来发现工作量太大了。”寝室长王强说。压力之下，他们本想放弃自己动手的想法，去网上购买成品。但是成品的费用过高，后来他们开会商量，决定再坚持一下，手工制作试试看。“哪怕不成功，也不留遗憾。”王强说道。

室友朱飞说：“由于工作量太大，我们白天要上课，所以只能牺牲晚上的休息时间，有时为了赶进度还熬夜到凌晨两点多。”从设计到装饰完成，他们用了一周时间，仅花了约 300 元。

获奖后陆续被围观，干净漂亮“胜过女寝”

因为别具匠心的设计风格，松园一栋 355 寝室在重庆大学优秀学生之家的评选活动中获得“五星级寝室”称号。

此后，不断有其他同学到他们寝室参观。曾有一名女生因社团活动进了他们寝室，看到寝室的装饰后称赞说：“第一次看到男生寝室装饰得如此好看，比我们女生寝室还漂亮！”

此次设计与装饰寝室，对吴康杰和他的室友来说，是一次加强沟通、促进情感交流的难得机会。“大一时，我们的关系还挺好，后来慢慢有些疏远，交流也少了。趁着装饰寝室的机会，我们 4 个人的沟通比以前更多了，关系也更好了。”王强说道。

三、做校园环境维护者

（一）呵护我们的“家”

校园环境由物质环境和精神环境构成，它是校园文化的重要表现形式，需要我们每个人合力维护。

1．校园物质环境

校园物质环境主要包括校容校貌、自然物和各种设施。良好的校园物质环境（见图 6-7）不仅是全校师生正常学习和生活的基础，还能促进学生养成良好的卫生习惯。

图 6-7 良好的校园物质环境

2．校园精神环境

校园精神环境是校园的灵魂，是学校师生的价值观和个性的反映，具体体现在师生的精神面貌、校风、学风、校园精神、学校形象等方面。积极参与校园精神环境建设有助于改善校园内的学习氛围，从而形成一种积极向上的精神文化，影响身处其中的每个人。

（二）共建无烟校园

大量的科学研究表明，吸烟会严重损害人体健康。多种致死疾病与吸烟有关，包括呼吸系统疾病（如呼吸系统感染、肺结核等）、心脑血管疾病、恶性肿瘤、糖尿病等。《中国吸烟危害健康报告 2020》显示，我国每年有 100 多万人因烟草失去生命。

那么，怎样才能降低吸烟危害，共建无烟校园呢？

（1）为了自己和他人的生命健康，也为了保护环境，我们应该约束自己，做到不吸烟。

（2）多了解有关吸烟危害的知识，增强自制力，自觉抵制诱惑。

（3）积极参加控烟宣传活动，增强控烟意识，约束吸烟行为。

（三）维护校园秩序

为维护良好的校园秩序，营造一个干净、整洁、安全的校园环境，建设平安校园、和谐校园，应遵守以下校园文明行为规范：

（1）着装整洁得体，仪容端庄。

（2）行为高尚，举止高雅，谈吐文明。

（3）爱护花草树木，节约用水。

（4）乘坐电梯时遵守秩序，先下后上，相互礼让。

（5）遵守校园环境卫生的有关规定，不随地吐痰，不乱扔杂物。

（6）文明如厕，保持卫生间清洁，爱护卫生间设施。

（7）上课时遵守课堂纪律，下课时不在楼道内大声喧哗。

（8）爱护教室设施，合理使用教学设备，保持干净、整洁的教学环境。

（9）汽车、电动车、自行车停车入位，摆放有序（见图 6-8）。

图 6-8　自行车摆放有序

（10）在观看表演、听讲座、参加会议时，主动服从现场管理，遵守秩序，爱护礼堂、会议室等设施。

（11）自觉遵守学校的各项规章制度，尊师爱友，团结同学，营造浓厚的学习氛围和健康、良好的学习环境。

（12）如遇突发事件，服从学校统一指挥，配合做好应急处置工作。

（13）遵守网络信息安全法律法规和其他有关规定，自觉抵制不良信息，不传播网络谣言。

第二节　勤者自助，达者自强

一、勤工助学概述

勤工助学是指学生在学校的组织下利用课余时间，通过劳动取得合法报酬，用于改善学习和生活条件的实践活动。

勤工助学是学校学生资助工作的重要组成部分，是实现全程育人、全方位育人的有效途径。学校应坚持“立足校园、服务社会”的宗旨，遵循学有余力、自愿申请、信息公开、扶困优先、竞争上岗、遵纪守法的原则，在不影响教学秩序和学生学业的前提下，有组织地开展勤工助学活动。

学生在学有余力的前提下，向学校提出参加勤工助学的申请，接受必要的勤工助学岗前培训和安全教育，再由学校统一安排到相应的岗位上进行勤工助学活动。学校不得安排学生参加有毒、有害和危险的生产作业以及超过学生身体承受能力、有碍学生身心健康的劳动。

二、勤工助学的时间安排与劳动报酬

（一）时间安排

学生参加勤工助学不应当影响学业，原则上每周不超过 8 小时，每月不超过 40 小时。学生在寒暑假期间参加勤工助学的时间，可根据学校的具体情况适当延长。

探究与分享

分析自己的课余时间，判断自己是否适合参加勤工助学。

每周的课余总时间：________________

每周的课外学习时间：______________

其他不得占用的课余时间（结合自己的长期目标和短期目标计算）：____________

____

每周的剩余时间：________________

自己是否适合参加勤工助学：__________

（二）劳动报酬

学生参加校内固定岗位的勤工助学，其劳动报酬由学校按月计算。以每月 40 个工时的酬金原则上不低于当地政府或有关部门规定的最低工资标准或居民最低生活保障标准为计酬基准，可以适当上下浮动。

学生参加校内临时岗位的勤工助学，其劳动报酬由学校按小时计算。每小时的酬金可参照当地政府或有关部门规定的最低小时工资标准合理确定，原则上不低于 12 元人民币。

学生参加校外勤工助学的酬金标准不低于当地政府或有关部门规定的最低工资标准，具体数额由用人单位、学校与学生协商确定，并写入聘用协议。

探究与分享

小蒋：我在学校担任辅导员助理，这是学校里最普通的一种勤工助学方式。一般来说，一次勤工助学的时间为 3.5 小时左右，每小时的酬金为 12 元，主要工作是处理校内文件。一开始，我是想通过勤工助学提高自己的动手能力，顺便赚点生活费。后来，我发现勤工助学的工资虽然不多，但是能和老师有更多的沟通机会，这也是勤工助学的另一种价值。

小王：我选择利用周六、周日在校外做推销员，一天最多能赚 300 元，但是做推销员的机会并不多。之所以当推销员，主要是因为自己平时开销比较大，希望能够多赚一些零花钱，同时也增加一些社会经验。

你倾向于哪种勤工助学方式？为什么？

三、勤工助学岗位选择

勤工助学岗位有校内勤工助学岗位和校外勤工助学岗位之分。

（1）校内勤工助学岗位。校内勤工助学岗位以校内教学助理、科研助理、行政管理助理和学校公共服务岗位等为主。勤工助学岗位分固定岗位和临时岗位。其中，固定岗位是指持续一个学期以上的长期性岗位和寒暑假期间的连续性岗位；临时岗位是指不具有长期性，通过一次或几次勤工助学活动即完成任务的工作岗位。

（2）校外勤工助学岗位。校外勤工助学岗位包括餐厅服务员、超市促销员、生产线操作员等。校外用人单位聘用学生勤工助学，须向学校勤工助学管理服务组织提出申请，提供法人资格证书副本和相关证明文件。经审核同意，学校勤工助学管理服务组织推荐符合要求的学生参加勤工助学活动。

学生可通过学校网站查询勤工助学岗位信息，根据自身情况申请合适的勤工助学岗位。图 6-9 是在图书馆勤工助学的学生。

扫一扫

一见钟“勤”，不离不弃

图 6-9　在图书馆勤工助学的学生

案例在线

参加勤工助学，遇见更好的自己

故事一：

小周在计算机中心做勤工助学工作，她分享道：“有一回，一个留学生来咨询，他问我为什么在寝室里无法上网，怎样才可以上网，是否需要安装路由器。他是用英语讲的，我英语不是很好，有的单词听不懂。他重复讲了好几遍，我才弄明白他的意思。这使我认识到学好英语很重要。”

此后，小周加倍学习英语知识，并且在英语考试中取得了很好的成绩。

故事二：

小程在心理健康教育中心担任学生助理，工作内容主要是安排预约时间。“刚开始，我因为不太了解这份工作，不知道如何处理好一些事情，但是工作半年之后，我熟练掌握了所有工作内容，也很享受这份工作带给自己的快乐。”

另一位心理健康教育中心的学生助理也深有感触，她说：“我觉得我最大的收获就是通过自己的讲解，大家更清楚地认识了自己。当他们说出‘哦，明白了’的时候，我就觉得很自豪。我也学到了与不同的人交谈时，应采取不同的沟通方式，并且要有耐心。”

故事三：

小朱在传媒博物馆工作，她说：“我在课余时间做这些工作，不仅能学到很多知识，还能提高自己的行政办公能力，使自己变得越来越自信。”

“自己挣钱是一种很奇妙的感觉。每天，我的工作积极性都很高。一是觉得自己可以挣钱了，花自己挣的钱很心安。二是体会到挣钱的不易，对父母辛苦挣钱供我读书感触很深。在以后的生活中，我会尽量克制自己，学会理性消费。”小朱不禁发出这样的感慨。

四、勤工助学面试准备

任何面试都是面试官对求职者进行筛选的过程。面试官会根据求职者提供的信息，判断其能否达到求职岗位的要求。求职者无论面试何种岗位，都要注重沟通效率，在短时间内充分展现自己的个性、优势、能力等，从而给面试官留下良好的印象。

面试时，面试官一般会提出以下问题，学生可据此充分做好面试准备工作：

（1）请简单描述你的基本情况。

（2）你有哪些工作经验？在工作中有哪些收获？

（3）你认为从事这份工作应当具备哪些素质？

（4）请描述自己的个性，并说说自己的优点和缺点。

（5）你为什么认为自己适合这份工作？

实践活动一

改善寝室面貌，彰显寝室特色

寝室是在校学生日常生活和学习的重要场所，从某种意义上讲，寝室是反映学生精神面貌和校风校貌的重要窗口。对于来自天南海北、性格迥异、爱好不同的学生而言，营造干净整洁的寝室环境、建立和谐的寝室人际关系、塑造独特的寝室文化，对学生自身的成长大有益处。

以寝室为单位，自主设定主题、设计方案，然后动手改造寝室，同时以 PPT 或视频的形式记录过程，并在课堂上分享心得体会。

活动记录

所选主题：

设计要点：

实施难点及解决方案：

心得体会：

活动评价

老师可参考表 6-1 对学生在实践活动中的表现进行评价。

表 6-1　实践活动评价表

评价标准	分值	分数小计	老师评价
活动准备工作做得充分，活动记录填写完整	20		
主题设定合适，方案设计合理	30		
改造活动有序开展，改造效果明显	30		
PPT/视频制作精良	20		
总　计	100		

实践活动二

“校园是我家，美化靠大家”校园美化活动

校园是我们学习和生活的地方，美丽、整洁的校园环境会让我们拥有好心情。学生作为学校的一分子，理应为创造更加整洁、优美、温馨的校园环境出一份力。

4～6 人为一组，以小组为单位组织一次“校园是我家，美化靠大家”校园美化活动。该活动既可以是植树活动，也可以是打扫卫生活动，还可以是绿化维护活动……记录校园美化活动的过程，并在活动结束后，结合日常生活中见到的校园不文明现象撰写一篇以“建设美丽校园”为主题的倡议书。

活动记录

活动要点：

活动难点及解决方案：

倡议书内容：

活动评价

老师可参考表 6-2 对学生在实践活动中的表现进行评价。

表 6-2　实践活动评价表

评价标准	分值	分数小计	老师评价
活动准备工作做得充分，活动记录填写完整	20		
活动项目合理，能切实美化校园环境	20		
参加活动的积极性高，活动氛围融洽	30		
倡议书内容丰富，逻辑性强，富有感染力	30		
总　计	100		

第七章 参与社会实践，服务人民群众

赠人玫瑰，手有余香。学生参加志愿服务、“三支一扶”计划、“三下乡”社会实践活动等，既是“助人”，也是“自助”；既能“乐人”，也能“乐己”；既是在服务群众、贡献力量，也是在传递爱心、宣扬文化、传播文明。

学生应积极主动地参与社会实践活动，回馈社会、报效祖国，用一颗心触动另一颗心，让越来越多的人学会用劳动积极回馈社会。

知识目标

- ✧ 了解志愿者和志愿服务的相关知识。
- ✧ 理解志愿精神的内涵。
- ✧ 熟悉“三支一扶”计划。
- ✧ 熟悉“三下乡”社会实践活动。

素质目标

- ✧ 在日常生活中自觉践行“奉献、友爱、互助、进步”的志愿精神，积极投身志愿服务，为社会贡献自己的力量。
- ✧ 以积极的态度面对社会实践活动，在活动中不断历练自己，做到有所学、有所感、有所悟。
- ✧ 通过学习“三下乡”社会实践的相关内容，感悟“实践出真知”的道理。

课堂引例

奉献是刻在中国人骨子里的精神

2021 年的暑假，对于 21 岁的大学生志愿者小刘来说，有着不一样的意义。7 月，河南省多地遭遇强降雨，他奔赴新乡市抗洪救灾第一线，不喊苦、不喊累。他说："生在和平年代的我们，不用上战场拼刺刀，但仍可以为国家冲锋陷阵、奉献自我，这是刻在中国人骨子里的精神。"

小刘是河南省商丘市民权县人，也是河南工业职业技术学院测绘环保工程学院工程测量技术专业测量 2002 班班长。小刘是老师的得力帮手，是同学的学习榜样。他常说："加倍努力，才能实现梦想！"小刘刻苦学习知识，勤奋钻研技能，学习成绩一直名列年级前茅。因为技术过硬，小刘代表学校参加了第六届河南省高等学校大学生测绘技能大赛，获得了团体一等奖及多个单项二等奖。

获奖后，小刘打算利用暑假时间为全国高等学校大学生测绘技能大赛做准备，但是在得知河南省多地遭遇强降雨且受灾情况严重这一消息后，他立刻向指导老师申请去抗洪救灾第一线。他再三保证不会影响比赛进程，老师看到他的决心和勇气，最终同意他和其他志愿者一起奔赴抗洪救灾第一线。

这个暑假，小刘用行动为"00 后"打上了"不畏艰险、勇往直前、无私奉献"的标签。他的班主任郭老师说："小刘是一名优秀的入党积极分子和学生干部，不仅在校期间表现优异，而且在抗洪期间作为志愿者积极主动投入到志愿服务活动中。哪里有需要，哪里就有他。他的突出表现感动了很多人。"回想这两个月的志愿服务，小刘感慨道："没有国哪有家，没有家哪有我！我只是做了大学生应该做的事情。"

想一想

（1）你参加过志愿服务吗？未来是否有投身志愿服务的计划？

（2）你如何看待志愿者？志愿者应具备哪些品质？

第一节 争当乐于奉献的志愿者

一、主动成为志愿者

志愿者（见图 7-1）又称义工、义务工作者，是指不图任何物质报酬，利用自己的时间、知识、技能、体力等，自愿为社会和他人提供服务的人。

图 7-1 志愿者

（一）志愿者的基本条件

2013 年 12 月，中国共产主义青年团中央委员会（以下简称“共青团中央”）、中国青年志愿者协会颁布新修订的《中国注册志愿者管理办法》，对注册志愿者的基本条件做出如下规定：

（1）年满十八周岁或十六至十八周岁以自己劳动收入为主要生活来源者；十四至十八周岁者，须经其法定代理人同意；未满十八周岁的在校学生申请注册的，按所在学校有关规定办理。

（2）具备参加志愿服务相应的基本能力和身体素质。

（3）遵守国家法律法规和注册机构的相关规定。

此处的注册机构是指市（地、州、盟）、县（市、区、旗）、乡（镇、街道）以及大中专院校团组织及其授权的志愿者组织。

（二）注册志愿者的程序

注册成为志愿者的程序如下：

（1）申请人直接到开展志愿者注册工作的团组织、志愿者组织提出申请或通过网络、通信等方式提出申请，填写《志愿者注册登记表》。

（2）注册机构对申请人进行审核。

（3）审核合格，注册机构向申请人颁发注册志愿者证章。注册机构可根据实际需要，为注册志愿者编制本地管理服务号码。

知识链接

中国志愿服务网

中国志愿服务网（见图 7-2）是面向广大社会公众、志愿者、志愿队伍，面向各行业志愿服务管理部门的社会化服务平台。利用该网站，社会公众可以注册成为志愿者参与志愿服务；志愿者可以参加自己感兴趣的志愿队伍和志愿服务项目，记录、转移、接续自己的志愿服务时间；志愿队伍可以按照规范的流程发布志愿服务项目，招募志愿者，开展志愿服务，从而实现供需有效对接；志愿服务管理部门可以实时或定时收集全国各行业各区域志愿服务数据，全面了解志愿服务情况，开展数据分析与决策。

图 7-2　中国志愿服务网

（三）志愿者的权利与义务

志愿者享有以下权利：

（1）参加志愿服务活动。

（2）接受相关的志愿服务培训，获得志愿服务活动真实、必要的信息。

（3）获得从事志愿服务的必需条件和必要保障。

（4）优先获得志愿者组织和其他志愿者提供的服务。

（5）对志愿服务工作提出意见和建议。

（6）相关法律、法规、政策所赋予的权利。

（7）可申请取消注册志愿者身份。

志愿者应履行以下义务：

（1）遵守国家法律法规及团组织、志愿者组织的相关规定。

（2）每名注册志愿者根据个人意愿至少选择参加一个志愿服务项目或活动，每年参加志愿服务时间累计不少于 20 小时。

（3）履行志愿服务承诺，完成志愿服务任务，传播志愿服务理念。

（4）自觉维护团组织、志愿者组织和志愿者的形象。

（5）在志愿者职责范围内，自觉维护服务对象的合法权益。

（6）自觉抵制任何以志愿者身份从事的营利活动或其他违背社会公德的活动及行为。

（7）依法应当承担的其他义务。

扫一扫

志愿者的义务

（四）志愿者的自我修养

1. 志愿者的三种动机

志愿者参与志愿服务活动的动机有以下三种：

（1）自我取向，即看重个人学习与成长，期望获得内在的满足感。

（2）人际取向，即看重他人和团队的影响，期望结交更多朋友。

（3）情境取向，即主动承担社会责任，期望获得社会的认可。

探究与分享

有的学生为了丰富阅历去做一些赛事或会议的志愿者；有的学生为了提高自己的综合素养而选择去支教；有的学生为了获得奖学金、出国机会等，却通过不法途径购买志愿服务证明。

你及你身边的人参加志愿服务的动机是什么？不同的动机对服务效果有影响吗？为什么？

2. 志愿者的三重境界

（1）第一重：帮助他人，使自己快乐。在帮助他人后，看到他人快乐，自己也因此获得快乐。这是志愿者最深刻、最直接的感受。

（2）第二重：关心他人，服务社会。不论身在何处，都会时刻关注身边需要帮助的人，为他们提供帮助，服务社会。

（3）第三重：传递爱心，传播文明。关怀他人，将“爱心”和“文明”传递给更多的人，最终汇聚成一股强大的社会暖流。

探究与分享

小陈：做志愿者真的是一件很有魅力的事情。因为我经常陪伴家里的老人，对老人有一种天然的亲近感，所以我很喜欢去养老院参加志愿服务活动。在与养老院的老人聊天时，尽管有时候很难理解一些老人说的方言，我却能感到踏实与快乐。

小朱：有一天，我突然发现认识很久的朋友一直在宣传反诈骗知识，并为有需要的人提供法律援助。他是一位默默无闻的志愿者，当我问他为什么要做这些事时，他说：“能帮助他人，我觉得很有意义。”

我心目中的志愿者：____

____

____

____

3. 志愿者的素质要求

对服务对象而言，志愿者要有爱心、有耐心，言而有信、善于聆听，保护对方的隐私。

对志愿工作而言，志愿者要善用时间、灵活多变、积极主动、有责任心、迎难而上，认真履行服务承诺，尽职尽责完成工作。

对志愿者组织而言，志愿者要服从上级安排，虚心听从组织意见，富有团队精神，诚实守信。

（五）志愿者的激励和表彰

为激励和表彰志愿者，我国实施了志愿者星级认证制度。注册机构负责具体认证工作，根据志愿者注册后参加志愿服务的时间累计，认定其为一至五星志愿者。星级志愿者认定后，可由相关注册机构在其注册证上进行标注。

（1）志愿者注册后，参加志愿服务时间累计达到100小时的，认定为“一星志愿者”。

（2）志愿者注册后，参加志愿服务时间累计达到300小时的，认定为“二星志愿者”。

（3）志愿者注册后，参加志愿服务时间累计达到600小时的，认定为“三星志愿者”。

（4）志愿者注册后，参加志愿服务时间累计达到1 000小时的，认定为“四星志愿者”。

（5）志愿者注册后，参加志愿服务时间累计达到1 500小时的，认定为“五星志愿者”。

同时，共青团中央、中国青年志愿者协会定期组织开展中国青年志愿者优秀个人奖、组织奖、项目奖评选表彰活动。

知识链接

志愿者标志与志愿者日

中国青年志愿者标志（俗称“心手标”，见图7-3）的整体构图为心的造型（红色），又是英文“Volunteer”的第一个字母“V”，图案中央是手的造型（白色），也是鸽子的造型。该标志的寓意为中国志愿者向社会上所有需要帮助的人们奉献一片爱心，伸出友爱之手，表达“爱心献社会，真情暖人心”和“团结互助、共创和谐”的主题。

图7-3　中国青年志愿者标志

每年3月5日是中国青年志愿者服务日，12月5日是国际志愿者日。

二、积极参加志愿服务

志愿服务（见图7-4）是指个人或非政府组织基于道义、良知、慈善和责任而自愿奉献时间和精力，不以物质报酬为条件，利用自身的知识、技能或财力，为社会及他人尤其是困难群体提供各种形式的公益性服务行为和活动。它是一种由内在的精神动力所支持的活动，是每个人实现个人价值和社会价值的渠道之一。

《志愿服务条例》第三条规定：“开展志愿服务，应当遵循自愿、无偿、平等、诚信、合法的原则，不得违背社会公德、损害社会公共利益和他人合法权益，不得危害国家安全。”

（一）志愿服务的特点

志愿服务具有自愿性、无偿性、公益性和组织性四个特点。

1. 自愿性

志愿服务必须是个人自愿参加的。相关组织可以通过各种方式动员志愿者，但应让志愿者在没有任何压力的情况下自愿参加志愿服务。强制参与、强制奉献、募集摊派等都不符合自愿原则。

图 7-4 志愿服务

2. 无偿性

志愿服务属于无偿行为。志愿者不应向服务对象收取或者变相收取报酬，也不得接受服务对象的捐赠。但是，志愿者组织为志愿者提供交通补贴和午餐补贴等不影响志愿服务的无偿性。

3. 公益性

志愿服务必须指向公共利益。营利行为不属于志愿服务，偶发的帮助行为、基于亲缘或友谊的帮助行为、针对特定个人的帮助行为和互益互助的行为也不属于志愿服务。

4. 组织性

志愿服务体现的是一种人与人之间的社会关系，是在一定的公共空间和特定人群中进行的他助或互助活动，一般都以有组织的、公开的、社会化的形式开展。志愿服务组织可以采取社会团体、社会服务机构、基金会等组织形式。

知识链接

蓝天救援

蓝天救援成立于 2007 年，是中国民间专业、独立的纯公益紧急救援机构，在全国 31 个省、自治区、直辖市设有授权队伍，在全国拥有 30 000 余名经过专业培训和认证的志愿者。蓝天救援的服务范围覆盖生命救援、人道救助、灾害预防、应急反应能力提高、灾后秩序恢复等多个领域。蓝天救援的标志如图 7-5 所示。

图 7-5 蓝天救援的标志

（二）志愿服务的分类

根据服务内容不同，志愿服务可分为扶贫济困、助老助残、社区服务、生态建设、抢险救灾（见图 7-6）、社会管理、文化建设、西部开发、海外服务等。

图 7-6　抢险救灾

根据组织形式不同，志愿服务可分为以下三类：

（1）以国家政策为导向的志愿服务，如大学生志愿服务西部计划、大学生志愿服务苏北计划等。这类志愿服务一般持续时间较长，往往要求志愿者具备特定的资格条件。

（2）由政府职能机构等组织的官方志愿服务，如亚运会、世博会、奥运会期间的志愿服务（见图 7-7）。这类志愿服务主要围绕赛事、会议等活动，涉及面广，持续时间短，服务者多是临时招募的。

图 7-7　奥运会期间的志愿服务

（3）由民间组织开展的志愿服务，如公益协会开展的爱心助学活动、绿色环保活动等。这类志愿服务面向不同的群体，持续时间长短不一。

案例在线

汉中职业技术学院志愿者助力陕西省第二届全民健身运动会开幕式

2019 年 4 月 23 日，陕西省第二届全民健身运动会开幕式在汉中市一江两岸音乐喷泉广场隆重举行。汉中职业技术学院（以下简称“汉中职院”）的 50 余名青年志愿者为此次开幕式提供了全方位、多层次、高质量的志愿服务。

这些青年志愿者的主要工作是装扮会场、引导观众就座和维护现场秩序。来自护理系的学生小郑说："我在本次志愿服务活动中主要负责引导观众就座。在活动开始前两天，我接受了培训，并反复练习了培训内容。我会用最饱满的精神面貌，最热情、积极的态度，认真负责地完成组委会交给我的工作，履行好青年志愿者的责任和义务。"

来自教育系的学生小景说："我非常荣幸能够参与本次志愿服务活动。在接下来的工作中，我和小伙伴们将一起尽心尽职做好服务工作，充分展现我们汉中职院青年志愿者的风采。"

三、大力弘扬志愿精神

志愿精神可以概括为奉献、友爱、互助、进步。志愿精神与中国传统文化一脉相承，与社会主义核心价值观相契合。

（一）奉献

奉献即不求回报地付出。奉献精神是志愿精神的精髓。志愿者在不计报酬、不求名利、不要特权的情况下参与推动人类发展、促进社会进步的活动，体现了高尚的奉献精神。图 7-8 是奉献中的志愿者。

图 7-8　奉献中的志愿者

（二）友爱

志愿精神提倡志愿者尊重他人、欣赏他人、与人为善。志愿者的爱跨越了国界、职业差异和贫富差距，是没有民族之分、没有收入高低之分的平等之爱，它让社会充满温暖。

（三）互助

志愿精神提倡互相帮助、助人自助。志愿者凭借自己的双手、头脑和爱心开展各种志愿服务活动，帮助那些处于困难和危机中的人们。同时，志愿者以实际行动唤醒了许多人内心的仁爱和慈善。在志愿服务过程中，服务对象得到了帮助和关爱，志愿者的内心得到了满足，能力得到了提升，这种互助使得社会更加和谐稳定。

（四）进步

志愿者通过参与志愿服务，使自己的能力得到提高的同时，也促进了社会进步。志愿服务活动中，无处不体现着进步精神。在进步精神的驱使下，人们不求回报，甘心付出。

第二节 踊跃参与社会实践

一、“三支一扶”计划

（一）“三支一扶”计划的基本要求

“三支一扶”计划即支教、支农、支医和帮扶乡村振兴计划的简称。2021 年，《关于实施第四轮高校毕业生“三支一扶”计划的通知》（以下简称《通知》）印发。《通知》提出，要引导和鼓励高校毕业生到基层干事创业，加快培养一支扎根基层、奉献基层的青年人才队伍，为全面推进乡村振兴、加快农业农村现代化提供人才和智力支持。

《关于组织开展高校毕业生到农村基层从事支教、支农、支医和扶贫工作的通知》指出，“三支一扶”计划的招募对象主要为全国普通高等学校应届毕业生，并且毕业生应具备以下条件：① 政治素质好，热爱社会主义祖国，拥护党的基本路线和方针政策；② 学习成绩合格，具有相应的专业知识；③ 具有敬业奉献精神，遵纪守法，作风正派；④ 身体健康。值得注意的是，对于“三支一扶”计划的具体招募条件和招募程序，各地有所不同，学生可咨询其所在学校就业办或其他相关部门。

第四轮高校毕业生“三支一扶”计划的目标任务有：① 每年选派 3.2 万名左右的高校毕业生，累计选派 16 万名，并结合就业形势和“三支一扶”事业发展需要，适时合理调整“三支一扶”计划补助名额；② 用五年时间（2021—2025 年），为基层输送和培养一批急需紧缺的管理人才、专业人才和创新创业人才，着力构建“下得去、留得住、干得好、流得动”的长效机制。

“三支一扶”计划为高校毕业生面向基层就业提供了具体的指导和保障。服务期一般为两年，期满后，毕业生可自主择业，择业期间享受一定的政策优惠。图 7-9 为参加“三支一扶”计划的毕业生。

图 7-9 参加“三支一扶”计划的毕业生

（二）“三支一扶”计划的服务保障机制

1. 关于工作生活补贴

“三支一扶”人员的工作生活补贴标准按照当地乡镇机关或事业单位从高校毕业生中新聘用工作人员试用期满后的工资收入水平确定，并根据物价、同岗位人员待遇水平等动态调整。在艰苦边远地区服务的，享受艰苦边远地区津补贴。中央财政补助标准为西部地区每人每年 3 万元（其中新疆南疆四地州、西藏自治区每人每年 4 万元），中部地区每人每年 2.4 万元，东部地区每人每年 1.2 万元。由地方各级财政部门落实资金投入责任，安排相应配套资金，按月足额发放工作生活补贴。

2. 关于社会保险等待遇

“三支一扶”人员按规定参加基本养老保险、基本医疗保险和工伤保险。各地根据实际，按规定为“三支一扶”人员办理补充医疗保险、重大疾病险、人身意外伤害险等商业保险及住房公积金。中央财政按照每人 3 000 元的标准，为新招募且在岗服务 6 个月以上的“三支一扶”人员发放一次性安家费。各地为“三支一扶”人员提供交通、住宿和伙食等方面的便利，参照本单位工作人员标准给予相应补助。

（三）“三支一扶”计划的服务期满流动机制

1. 加大机关定向考录和事业单位专项招聘力度

落实公务员定向考录政策，各省（区、市）每年应拿出公务员考录计划的 10%左右，面向“三支一扶”计划等服务基层项目人员定向考录。各省（区、市）县乡基层事业单位公开招聘时，应根据本地区实际拿出一定数量或比例的岗位，对服务期满且考核合格的“三支一扶”人员进行专项招聘，并增加工作实绩在考察中的权重，聘用后可以不再约定试用期；省市事业单位公开招聘时，对服务期满且考核合格的“三支一扶”人员同等条件下优先聘用。

2. 支持继续学习深造

服务期满且考核合格的“三支一扶”人员，三年内参加全国硕士研究生招生考试的，初试总分加 10 分，同等条件下优先录取。已被录取为研究生的应届毕业生参加“三支一扶”计划的，学校应为其保留入学资格。高职（高专）毕业生服务期满且考核合格的，可免试入读成人高等学历教育专科起点本科。服务期满的“三支一扶”人员可按规定享受学费补偿和助学贷款代偿政策。本科及以上学历毕业生参加支医服务的，服务期满且考核合格后，由县级卫生健康主管部门统一安排参加住院医师规范化培训。

3. 促进多渠道就业创业

各地要依托公共就业和人才服务机构，为自主就业的服务期满“三支一扶”人员提供有针对性的就业服务。对就业困难的，提供“一对一”就业帮扶。及时将有创业意愿的服务期满“三支一扶”人员纳入创业引领行动，提供创业培训、孵化等服务，鼓励创办家庭农场（林场）、农民合作社，按规定落实扶持政策。参加“三支一扶”计划前无工作经历的人员服务期满且考核合格的，两年内在参加机关和企事业单位考录（招聘）、自主创业、落户、升学等方面可同等享受应届毕业生相关政策。“三支一扶”人员在基层服务年限计算为工龄，其参加工作时间按其到基层报到之日起算。

青春风采

基层天地广阔 青春大有作为

青春从这里启航。在大山深处，在偏远农村，有一支数十万人的“三支一扶”队伍扎根基层就业，用专业知识改善当地百姓的生活。

吃得苦留得住，基层历练成“大树”

小赵是广东省韶关市乳源瑶族自治县必背镇土生土长的瑶族人。从“三支一扶”人员到必背镇党委副书记、镇长，十多年扎根基层的历练使他成长为建设家乡的带头人。

2008 年，小赵从广东技术师范大学中文系毕业后，参加“三支一扶”计划回到了家乡。他坦言，当时每月只有 800 元的补贴，靠这些补贴连养活自己都有点困难，而必背镇一下雨就容易出现洪涝和塌方，各方面的条件和大城市比，有很大差距。

“镇上很多老干部都来开导我，说他们当年的条件更艰苦；我爸爸也告诉我，年轻人不要怕苦，要坚持。”小赵在大家的鼓励下，又坚持了半年。2009 年，小赵跟着老干部在汛期做入户排查和说服转移工作，挽救了很多人的生命，这让他对自己的工作有了更深刻的认识。

扎根基层，建设家乡。经历两年的锻炼，小赵坚定了留下来的信念。多年来，他常常因“为群众做了点事”而开心。现在，身为必背镇镇长的他，每天琢磨如何用当地的茶叶、辣椒等资源谋发展，带领当地百姓过上好日子。

输送急需人才，壮大基层组织

在云南省曲靖市罗平县老厂乡法乃村，“90 后”医生小敖和护士小瑞坐在一位老人身旁，一边量血压、测体温，一边详细询问老人的服药情况。临走时，他们有些不放心，拉着老人的手叮嘱说：“做菜时少放点盐，走路慢点，千万别摔着。”这样的进村入户工作，小敖和小瑞一天要进行十多个小时。他们在老厂乡卫生院上班，有一个共同的身份：“三支一扶”人员。

地处罗平县北部边远山区的老厂乡卫生院，2009 年以来先后招募了 14 名“三支一扶”人员，目前服务期满留下的和新招募的人员一共 8 名。

在第一个支医人员到来之前，“红汞碘酒，抹抹就走；有效无效，责任尽到”是老厂乡卫生院医疗水平的真实写照。

“要么招不到人，要么留不住人，做血常规的机器都蒙上了一层灰。”老厂乡卫生院院长说，老厂乡卫生院从“小诊所”发展成为有 7 个业务科室的“小医院”，“三支一扶”人员功不可没。

二、“三下乡”社会实践活动

1996 年 12 月，《关于开展文化科技卫生“三下乡”活动的通知》印发。1997 年，“三下乡”社会实践活动在全国正式开展。

（一）“三下乡”社会实践活动概述

“三下乡”是指文化、科技、卫生下乡。“三下乡”社会实践活动（见图 7-10）是各大中专院校在暑期开展的一项旨在提高学生综合素质的社会实践活动，其主要内容是学生将城市的文化、科技和卫生知识带到发展相对落后的偏远地区，向当地人传授。

图 7-10　“三下乡”社会实践活动

文化下乡的内容主要包括图书、报刊下乡，戏剧下乡，电影、电视下乡，开展群众性文化活动；科技下乡的内容主要包括科技人员、科技信息下乡，开展科普活动；卫生下乡的内容主要包括医务人员下乡、扶持乡村卫生组织、培训农村卫生人员、参与和推动当地合作医疗事业发展。

开展“三下乡”社会实践活动既能促进先进生产力的发展，又能帮助和引导学生按先进生产力发展要求成长成才；既能传播先进文化，又能帮助和引导学生接受先进文化的哺育；既能维护人民群众的根本利益，又能助力学生全面发展。

探究与分享

你参加过“三下乡”社会实践活动吗？具体是什么样的活动？有何收获？

（二）“三下乡”社会实践活动的形式与流程

“三下乡”社会实践活动涉及面广，内容丰富，形式多样。活动可以是单人形式，也可以是小组形式。一般而言，小组形式更有利于实践活动的开展，也更有利于取得成功。随着社会发展，“三下乡”社会实践活动的形式也应有所创新和发展，如充分利用互联网创新活动形式，结合社会热点设计活动，等等。

“三下乡”社会实践活动的流程具体如下：

（1）确定活动主题。确定活动主题是顺利开展社会实践活动的前提。活动主题必须联系实际，切忌空谈和夸大。

（2）拟定活动方案。确定活动主题后，必须根据该主题拟定详细的活动方案。活动方案应包括活动形式、具体活动内容及相关注意事项，活动方案的优劣关系到整个活动能否顺利开展。

（3）提出申请。向学校提出书面申请，同时上交活动方案并领取“三下乡”社会实践活动相关申请表格。

（4）开展活动。根据活动方案，在老师的指导下开展活动，确保活动安全。

（5）撰写活动总结报告。活动结束后，学生需要根据活动过程和结果，撰写并提交活动总结报告。活动总结报告的内容应包括整个活动的基本情况描述、自我评价和心得体会。

案例在线

暑期“三下乡”，这群学生超级“接地气”

“民以食为天，食以土为根。发展山地种植，就要特别注意水土保持。”2021 年 7 月盛夏，一场农技讲座在重庆市城口县咸宜镇举行。几名农学专业的大学生和指导老师依次上台，向村民们讲解土壤健康、水土保持的知识。

地处秦巴山区腹地的咸宜镇，地广人稀、山高坡陡，是重庆市确定的乡村振兴重点帮扶乡镇。2021 年暑假，西南大学的学生实践团队来到这里，将农学专业理论知识与当地实际相结合，开展支农助农活动。

咸宜镇大部分坡地的海拔在 1 000 米以上，这些坡地适宜种植中药材。针对当地的种植情况和特色，实践团队事先收集资料，制作图文并茂的种植科普指南，并在农技讲座现场免费发放。

一些村民由于居住在偏远地区或忙于农务，没能赶来镇上参加讲座。实践团队成员们便上门入户，主动将技术送到田间地头。

每到一户，实践团队成员都入户了解村民的家庭情况，实地查看作物的生长情况。咸宜镇李坪村五组的冯阿姨种了很多魔芋，其中一块地的魔芋长势不佳。看到实践团队上门，她赶忙求助。

“这些叶子全都耷拉下去了，茎秆也开始腐烂，这是软腐病的症状。”来自土地资源管理专业的大三学生小任拔起一株芋苗，仔细查看后告诉冯阿姨，温度高、湿度大都有可能导致软腐病。这种病还会传染，所以遇到这种情况就一定要及时拔掉病株。

什么时候除草，施用哪种化肥，遇到病虫害怎样处理……实践团队成员们一边帮村民除草疏苗，一边讲解种植知识，答疑解惑。遇到一时无法解决的“疑难杂症”，实践团队成员们就会申请“场外支援”，通过视频电话寻求学校教授的远程指导。

在走访村民的过程中，实践团队发现当地留守儿童较多，放暑假后，孩子们的管护工作成了大问题。实践团队成员们主动请缨，借用学校校舍、村委会办公室办起了免费暑期托管班。“袁隆平爷爷故事讲述”“农业植物双语科学科普”“科研趣味小实验”……大家发挥专业特长，用丰富多彩的兴趣课程，帮助孩子们度过了一个充实又有意义的暑假。

奔走在山间、吃住在村里，实践团队的努力和付出得到了村民们的认可。“这些大学生特别接地气，大伙儿盼着他们明年暑假还来！”李坪村党支部的冯书记说。

（三）“三下乡”社会实践活动的安全须知

1. 实践中可能遇到的问题

在“三下乡”社会实践活动中，可能遇到以下问题：

（1）对当地环境不适应而突发疾病，或者被蛇、虫咬伤。

（2）不慎被盗被抢，甚至可能遭受人身伤害。

（3）遭遇交通事故。

（4）因接近危险设施或前往危险地段遭受伤害。

（5）与社会不良人员发生纠纷。

（6）团队成员之间无法及时取得联系。

（7）遭遇火灾、踩踏等突发事件。

2. 实践中各种问题的防范措施

掌握以下防范措施，就能在“三下乡”社会实践活动中避免遇到上述问题：

（1）掌握基本的生理卫生常识和急救知识，随身携带常用应急药物，平时注意个人卫生。

（2）增强自卫意识，保持警惕心理；保管好个人贵重财物，遭遇偷窃、抢劫时，保持冷静，先确保人身安全，然后及时报警；尽量采取小组活动的形式，不在夜间单独活动，及时向负责人报告活动行程。

（3）增强交通安全意识，遭遇交通事故后尽快将伤者送往医院，并注意保护现场。

（4）远离危险设施，避开危险地段。如果需要接触危险设施或在危险地段活动，必须有专业人士陪同，并穿戴劳动防护用品。

（5）在公共场合注意言行举止，尽量避免与人争执，做到克制、忍让。团队成员若与社会不良人员发生争吵甚至产生肢体冲突，其他成员应及时制止并报警，防止事态恶化。

（6）如果发生火灾，团队成员应有序逃生，及时拨打火警电话；尽量不去拥挤的地方，在公共场所或参加大型活动时注意保护自己。

探究与分享

在“三下乡”社会实践活动中还可能出现哪些问题？应如何应对？

3. 实践注意事项

在“三下乡”社会实践活动中，应注意以下事项：

（1）出发前再次与实践地联系，确保食宿等安排妥当。

（2）出发前办理好在实践地活动所需的证明。

（3）出发前充分考虑可能出现的各种情况，学习各种问题的防范措施和应对技巧，熟悉当地习俗和地理环境等。

（4）团队成员应遵守纪律，听从负责人的指挥，负责人应与每名成员随时保持联系。

（5）团队成员应互相关心、互相帮助，遭遇突发事件时应沉着冷静，共同寻找解决办法。

实践活动一

开展志愿服务

奉献是一种能力、一种美德、一种幸福。只有当我们真正投身于志愿服务时，才能体会“奉献、友爱、互助、进步”的深刻内涵，感受“赠人玫瑰，手有余香”的美好。

4～8 人一组，开展一次志愿服务，同时以 PPT 或视频的形式记录过程，并在课堂上分享心得体会。

活动记录

活动要点：

活动难点及解决方案：

心得体会：

活动评价

老师可参考表 7-1 对学生在实践活动中的表现进行评价。

表 7-1　实践活动评价表

评价标准	分值	分数小计	老师评价
活动准备工作做得充分，活动记录填写完整	20		
在服务过程中传递了志愿精神	30		
通过志愿服务真正帮助了他人	30		
PPT/视频制作精良	20		
总　计	100		

实践活动二

开展暑期“三下乡”社会实践活动

对在校学生而言，“三下乡”社会实践活动是联结学校与社会的桥梁。学生参与其中，能走出象牙塔，走进广阔天地，感受农村变化，激发爱国热情，增强历史使命感。

8～10 人为一组，以小组为单位，在暑假期间面向偏远地区农村留守儿童，围绕学业辅导、亲情陪伴、素质拓展、自护教育、思想引领、心理辅导等内容，开展为期 7 天及以上的社会实践活动。活动结束后，撰写实践报告，并在课堂上做汇报。

活动记录

活动要点：

活动难点及解决方案：

心得体会：

活动评价

老师可参考表 7-2 对学生在实践活动中的表现进行评价。

表 7-2　实践活动评价表

评价标准	分值	分数小计	老师评价
活动准备工作做得充分，活动记录填写完整	10		
在实践活动中保持耐心，传递爱心，收获留守儿童的“点赞”	30		
实践报告内容充实，展现当代学生的精神风貌	30		
汇报时感情真挚，表达流畅，语言富有感染力	30		
总　计	100		

第八章 学会安全劳动，做合格劳动者

学生是国家宝贵的人力资源，是社会的新生力量，也是未来社会劳动关系中的重要主体。但是，部分学生法治意识薄弱、法律常识缺失、用法能力不高，导致其在就业过程中权益容易受到侵害。加强学生的劳动法治教育，引导学生强化劳动法治意识、维护自己的合法权益，不仅是劳动教育的重要内容，也是构建和谐劳动关系的内在要求。

劳动安全问题不仅关系到学生的生命安全，也关系到成千上万个家庭的安稳，甚至可能影响社会经济的平稳健康发展。为避免在劳动过程中遭受伤害，学生应强化劳动安全意识，做好劳动防护措施，学习急救常识，学会保护自己和他人，做一名合格的劳动者。

知识目标

- ✧ 了解我国劳动法律制度的构成与分类。
- ✧ 熟悉劳动者的权利和义务。
- ✧ 掌握维护就业权益的措施。
- ✧ 掌握劳动防护措施。
- ✧ 掌握劳动事故急救常识。

素质目标

- ✧ 了解我国劳动保障法治建设成果，感受国家为保障劳动者权益所做的努力，大力弘扬社会主义法治精神。
- ✧ 了解《国家职业病防治规划（2021—2025 年）》，感受国家对保障劳动者健康福祉的重视，积极参与健康中国建设。
- ✧ 通过学习“汉中职院毕业生抢救落水老人”案例，培养助人为乐、见义勇为的良好品质，展现新时代青年的风采。

课堂引例

遭遇性别歧视，女学生主动维权

女学生小胡在某招聘网站上看到了XF公司文案策划岗位的招聘信息，她认为自己的专业和实习经历符合招聘要求，便提交了简历。等待多天后，小胡没有得到任何回复，便又打开了该招聘网站，发现网页上多了一条“限男性”的要求。小胡很不解，于是打电话询问XF公司招聘负责人，对方表示该岗位不适合女性，并且XF公司更需要男性员工。意识到自己遭遇了性别歧视的小胡向当地人民法院提起诉讼。

法官认为，被告不对原告是否符合招聘要求进行审查，就以原告的性别为由拒绝原告应聘，其行为侵犯了原告平等就业的权利，属于就业歧视。人民法院遂判决XF公司赔偿小胡2 000元精神损害抚慰金。

想一想

（1）劳动者有哪些权利？

（2）如果你的劳动权利受到侵害，你会如何做？

第一节 利用法律武器维护劳动权益

一、劳动法律制度的构成与分类

劳动法律制度是指调整劳动关系以及与劳动关系有密切联系的其他社会关系的法律制度。完善的劳动法律制度有利于保障劳动者的基本权利、维护劳动关系和谐稳定、促进市场经济平稳发展。

（一）劳动法律制度的构成

我国现行的劳动法律制度由多层次的法律法规等构成，具体包括以下内容。

1. 法律

由全国人民代表大会常务委员会颁布的劳动法律有《中华人民共和国劳动法》（以下简称《劳动法》）、《中华人民共和国劳动合同法》（以下简称《劳动合同法》）、《中华人民共和国工会法》《中华人民共和国职业病防治法》《中华人民共和国安全生产法》《中华人民共和国矿山安全法》等。

2. 行政法规

由国务院颁布的劳动行政法规主要有《禁止使用童工规定》《失业保险条例》《工伤保险条例》《劳动保障监察条例》等。

3. 部门规章

由中华人民共和国劳动和社会保障部（现为中华人民共和国人力资源和社会保障部）颁布的劳动规章

主要有《集体合同规定》《最低工资规定》等。

4．地方性法规和地方政府规章

地方人民代表大会及其常务委员会根据劳动法律、劳动行政法规，制定了部分地方性劳动法规，如《湖南省劳动保障监察条例》《河北省工会劳动法律监督条例》等。地方政府根据劳动法律、劳动行政法规和地方性劳动法规制定了本地区劳动规章，如《辽宁省女职工劳动保护办法》《广东省劳动人事争议处理办法》等。

5．司法解释

司法解释是指司法机关对法律法规的具体应用问题所做的说明。有关劳动法律法规的司法解释有《最高人民法院关于审理劳动争议案件适用法律问题的解释（一）》《最高人民法院关于审理拒不支付劳动报酬刑事案件适用法律若干问题的解释》等。

（二）劳动法律制度的分类

我国的劳动法律制度主要包括以下几类。

1．劳动关系方面的法律制度

劳动关系方面的法律制度是调整劳动关系最基础的法律制度，《劳动合同法》在该法律制度中占据主体地位。在市场经济条件下，劳动关系主要通过用人单位与劳动者订立劳动合同来建立。由于劳动者相对于用人单位而言是弱势群体，劳动合同中容易出现一些对劳动者不利的条款，这就需要用《劳动合同法》来规范。

2．劳动基准方面的法律制度

劳动基准方面的法律制度是指国家制定的有关劳动报酬和劳动条件最低标准的法律制度，包括《最低工资规定》《国务院关于职工工作时间的规定》等。其目的是改善劳动条件、保障劳动者的基本生活、避免伤亡事故的发生。这些法律规范都属于强制性规范，用人单位必须遵照执行。

3．劳动力市场方面的法律制度

劳动力市场方面的法律制度是指调节劳动力市场、促进劳动者就业的法律制度，包括《中华人民共和国就业促进法》（以下简称《就业促进法》）《国务院关于加强职业培训促进就业的意见》《就业服务与就业管理规定》等。就业是民生之本，因此国家采取了各种宏观调控手段创造就业机会，以实现劳动者充分就业。

4．社会保险方面的法律制度

社会保险方面的法律制度是指保障劳动者基本生存条件、提高劳动者生活质量的法律制度，包括《中华人民共和国社会保险法》（以下简称《社会保险法》）《失业保险条例》等。

5．劳动权利保障与救济方面的法律制度

劳动权利保障与救济方面的法律制度包括《中华人民共和国劳动争议调解仲裁法》（以下简称《劳动争议调解仲裁法》）《劳动保障监察条例》等。在实践中，部分用人单位会忽视甚至侵犯劳动者的劳动权利，劳动监察对劳动法律制度的实施和劳动者劳动权利的实现起着至关重要的作用。此外，在劳动过程中，劳动争议经常出现，以《劳动争议调解仲裁法》等法律法规为基础建立的劳动争议解决机制是保障当事人合法权益的有力武器。

法律讲堂

我国劳动保障法治建设硕果累累

劳动保障法治建设作为国家法治建设的重要组成部分，自中华人民共和国成立以来走过了70余年的辉煌历程。特别是改革开放以来，我国在劳动关系、社会保险和促进就业等方面都制定了法律法规，劳动保障法治建设硕果累累。

劳动保障法律体系不断完善

中华人民共和国成立后，我国废除了不合理的劳动制度，建立了与经济社会发展相适应的劳动保障法律法规，保障了劳动者的经济权利和政治权利。

1949年通过的《中国人民政治协商会议共同纲领》对劳动立法和用工实践提出了诸多指导原则，包含了我们现在使用的工时制度、最低工资制度、特殊群体劳动权益保护制度、安全生产制度的雏形。

1954年颁布的《中华人民共和国宪法》（以下简称《宪法》），明确规定了中华人民共和国公民有劳动的权利、休息的权利，以及在年老、患病或者丧失劳动能力的情况下获得物质帮助的权利，同时规定了国家有义务逐步扩大劳动就业，改善劳动条件和工资待遇。

1994年7月5日，《劳动法》颁布。这是我国第一部全面规范调整劳动关系的基础性、综合性法律，对于维护劳动者的合法权益、建设和谐的劳动关系、促进社会和谐稳定，有着重大而深远的意义。

此后，与《劳动法》相配套的行政法规、部门规章陆续出台。国务院修订了《国务院关于职工工作时间的规定》，发布了《失业保险条例》《社会保险费征缴暂行条例》《工伤保险条例》，中华人民共和国劳动和社会保障部（现为中华人民共和国人力资源和社会保障部）陆续颁布了《工资支付暂行规定》《集体合同规定》等多个部门规章。

2004年，国务院出台《劳动保障监察条例》，为维护劳动者合法权益和保障劳动保障法律法规有效实施提供了重要执法依据。

2007年，《劳动合同法》《就业促进法》《劳动争议调解仲裁法》出台。2007年也因此被称为“劳动立法年”。随后，国务院发布《职工带薪年休假条例》《中华人民共和国劳动合同法实施条例》。

2010年，《社会保险法》出台。就在这一年，中国共产党第十五次全国代表大会提出的到2010年形成中国特色社会主义法律体系的立法工作目标如期实现。

以上述几部重要法律和行政法规为支撑，以一系列配套部门规章、各地出台的地方性法规和地方政府规章为补充，我国基本形成了劳动保障法律体系框架，总结和巩固了劳动和社会保障制度改革的成果，为实际工作奠定了坚实基础。

依法治理使民生之基更加牢固

在完善法律体系的基础上，政府部门主动作为、依法履职，坚持“以人民为中心”的思想，让劳动保障法治建设成果充分发挥作用。尤其是进入21世纪的第二个十年，依法治理成为政府管理的重要特征。中国共产党第十八届中央委员会第四次全体会议通过了《中共中央关于全面推进依法治国若干重大问题的决定》，明确了全面推进依法治国的总目标。劳动保障法治建设的进一步巩固、调整、细化和深化，实现了法治建设与劳动保障工作相互促进、相得益彰，在增强人民群众获得感、幸福感的进程中不断取得更大成绩。

法治理念深入人心

为进一步加强劳动保障法治理念对社会各个层面的影响，近年来，普法成为重要的执法与法治文化建设手段。2017 年，中华人民共和国人力资源和社会保障部发布《人力资源社会保障部关于贯彻“谁执法谁普法”普法责任制的实施意见》，细化了普法工作措施。农民工工资支付、工伤保险、12333 全国统一咨询日等主题宣传活动火热开展，各地充分利用互联网，通过微信普法平台、网络学法平台等渠道，组织开展法律知识竞赛、普法微视频征集评选等活动，用多种形式，多角度、全方位地宣传相关法律法规和政策。

经过劳动保障法治建设的洗礼，全社会劳动保障法治观念普遍增强。70 余年来的劳动保障法治建设，为我国经济良性发展保驾护航，让社会主义法治“以人为本”“以人民为中心”的原则落到实处。

二、劳动者的权利

我国建立完善的劳动法律制度，其中一个重要目的就是保障劳动者的权利。《劳动法》第 3 条第 1 款规定：“劳动者享有平等就业和选择职业的权利、取得劳动报酬的权利、休息休假的权利、获得劳动安全卫生保护的权利、接受职业技能培训的权利、享受社会保险和福利的权利、提请劳动争议处理的权利以及法律规定的其他劳动权利。”下面分别介绍这些权利。

扫一扫

劳动者的权利

（一）平等就业的权利

劳动者享有平等就业的权利包括三层含义：

（1）任何劳动者都有平等就业的权利和资格，不因民族、种族、性别、宗教信仰等不同而受歧视。

（2）任何劳动者都有平等地参与岗位竞争的权利，用人单位不得歧视劳动者。《劳动法》第 13 条规定：“妇女享有与男子平等的就业权利。在录用职工时，除国家规定的不适合妇女的工种或者岗位外，不得以性别为由拒绝录用妇女或者提高对妇女的录用标准。”

（3）平等不等于同等，平等是对于符合岗位条件的劳动者而言的，而不是不论劳动者条件如何都同等对待。

（二）选择职业的权利

劳动者选择职业的权利是指劳动者具有支配自身劳动力的权利，可根据自身的素质、能力、志趣和爱好，选择用人单位和工作岗位。

（三）取得劳动报酬的权利

劳动者付出劳动，依照劳动合同和国家有关法律法规取得报酬，是劳动者的权利。及时足额向劳动者支付报酬，是用人单位的义务。《劳动法》第 50 条规定：“工资应当以货币形式按月支付给劳动者本人。不得克扣或者无故拖欠劳动者的工资。”

《劳动合同法》第 30 条第 1 款规定：“用人单位应当按照劳动合同约定和国家规定，向劳动者及时足额支付劳动报酬。”

《劳动合同法》第 30 条第 2 款规定：“用人单位拖欠或者未足额支付劳动报酬的，劳动者可以依法向当地人民法院申请支付令，人民法院应当依法发出支付令。”

案例在线

拖欠工资被判支付经济补偿

2019 年 3 月 7 日，周某入职 S 机械智能设备有限公司（以下简称“S 公司”），担任装载机司机一职。双方在劳动合同中约定，S 公司于次月 9 日发放周某当月工资。

2021 年 11 月 10 日，周某以 S 公司“未及时足额支付劳动报酬”为由，申请劳动仲裁，要求解除与 S 公司的劳动合同，由 S 公司补发工资并支付经济补偿。

据劳动争议仲裁委员会了解，S 公司于 2021 年 9 月 9 日向周某发放了 2021 年 7 月份的工资，于 2021 年 10 月 15 日向周某发放了 2021 年 8 月份的工资，于 2021 年 11 月 9 日向周某发放了 2021 年 9 月份的工资。S 公司承认其存在向周某延迟 1 个月左右发放工资的情况。

根据《劳动合同法》第 38 条和第 46 条，用人单位未及时足额支付劳动报酬，解除劳动合同时应向劳动者支付经济补偿。劳动争议仲裁委员会遂做出裁决：S 公司解除与周某的劳动合同，并向周某支付 10 月份和 11 月份的工资以及 14 015.07 元经济补偿（周某在 S 公司工作 32 个月按 3 年计算，解除劳动合同前 12 个月的平均工资为 4 671.69 元，两者相乘得 14 015.07 元）。

（四）休息休假的权利

休息休假时间是劳动者根据法律法规规定，在国家机关、社会团体、企业、单位以及其他组织任职期间内，不必从事生产和工作而自行支配的时间。关于劳动者休息休假的权利，《宪法》第 43 条第 1 款规定：“中华人民共和国劳动者有休息的权利。”

《宪法》第 43 条第 2 款规定：“国家发展劳动者休息和休养的设施，规定职工的工作时间和休假制度。”

《劳动法》第 36 条规定：“国家实行劳动者每日工作时间不超过八小时、平均每周工作时间不超过四十四小时的工时制度。”

《劳动法》第 38 条规定：“用人单位应当保证劳动者每周至少休息一日。”

此外，我国实行带薪年休假制度。连续工作一年以上的劳动者，享受带薪年休假（见图 8-1）。

图 8-1　带薪年休假

探究与分享

问题 1：我国法定节日有哪些？各放几天假？

问题 2：带薪年休假是劳动者连续工作满 1 年后，每年依法享有的保留职务和工资的一定期限连续休息的假期。劳动者累计工作已满 1 年不满 10 年、已满 10 年不满 20 年、已满 20 年时，带薪年休假分别为几天？

问题 3：劳动者本人结婚或劳动者的直系亲属（父母、配偶和子女）死亡时，用人单位应给予几天的婚丧假？

（五）获得劳动安全卫生保护的权利

劳动安全卫生保护是对劳动者生命安全和身体健康的保护。关于劳动者获得劳动安全卫生保护的权利，《劳动法》第 54 条规定："用人单位必须为劳动者提供符合国家规定的劳动安全卫生条件和必要的劳动防护用品，对从事有职业危害作业的劳动者应当定期进行健康检查。"

（六）接受职业技能培训的权利

职业技能培训是指对准备就业和已经就业的劳动者，以培养或提高基本职业技能为目的而进行的技术业务知识和实际操作技能教育与训练（见图 8-2）。

图 8-2　职业技能培训

《劳动法》第 66 条规定："国家通过各种途径，采取各种措施，发展职业培训事业，开发劳动者的职业技能，提高劳动者素质，增强劳动者的就业能力和工作能力。"用人单位不得干涉或阻止劳动者接受职业技能培训。

（七）享受社会保险和福利的权利

社会保险是指劳动者从国家或社会获得补偿或物质帮助的保障制度。《劳动法》第 70 条规定："国家发展社会保险事业，建立社会保险制度，设立社会保险基金，使劳动者在年老、患病、工伤、失业、生育等情况下获得帮助和补偿。"与之对应，我国现行的社会保险制度可分为基本养老保险、基本医疗保险、工伤保险、失业保险、生育保险五种。

关于劳动者享受福利的权利，《劳动法》第 76 条第 1 款规定："国家发展社会福利事业，兴建公共福利设施，为劳动者休息、休养和疗养提供条件。"

《劳动法》第 76 条第 2 款规定："用人单位应当创造条件，改善集体福利，提高劳动者的福利待遇。"

（八）提请劳动争议处理的权利

劳动争议是指用人单位与劳动者之间因劳动关系所发生的纠纷。关于劳动者提请劳动争议处理的权利，《劳动法》第 77 条第 1 款规定：“用人单位与劳动者发生劳动争议，当事人可以依法申请调解、仲裁、提起诉讼，也可以协商解决。”

（九）法律规定的其他劳动权利

法律规定的其他劳动权利包括：依法参加和组织工会的权利；依法参与民主管理的权利；依法参加社会义务劳动的权利；从事科学研究、技术革新、发明创造的权利；依法解除劳动合同的权利；对用人单位管理人员违章指挥、强令冒险作业，有权拒绝执行；对危害生命安全和身体健康的行为，有权提出批评、检举和控告；等等。

三、劳动者的义务

扫一扫

劳动者的义务

权利和义务是统一的，劳动者在行使法定权利的同时，也应履行法定义务。《劳动法》第 3 条第 2 款规定：“劳动者应当完成劳动任务，提高职业技能，执行劳动安全卫生规程，遵守劳动纪律和职业道德。”

（一）完成劳动任务

劳动者一旦与用人单位订立劳动合同，就必须履行相应的义务，其中最主要的义务就是完成劳动任务。如果劳动者不能完成劳动任务，就意味着劳动者违反了劳动合同的约定，用人单位就可以解除劳动合同。

（二）提高职业技能

努力学习理论知识，提高职业技能，成为适应社会主义建设需要的熟练劳动者，既是劳动者应该履行的义务，也是劳动者促进自身发展、更好地实现自我价值的客观需要。

（三）执行劳动安全卫生规程

劳动者必须严格执行国家以及用人单位制定的劳动安全卫生规程（见图 8-3），从而保障自己的生命安全和身体健康，顺利完成劳动任务。

图 8-3　执行劳动安全卫生规程

（四）遵守劳动纪律和职业道德

劳动者有遵守劳动纪律和职业道德的义务。其中，遵守劳动纪律的相关知识已经在第四章进行了介绍，下面主要介绍有关职业道德的内容。

职业道德是指劳动者在职业活动中应当遵守的道德，是一般社会道德在职业活动中的体现。劳动者应当遵守爱岗敬业、诚实守信、办事公道、服务群众、奉献社会的社会主义职业道德，在劳动中培养良好的道德品质。

在社会主义制度下，每位劳动者都是国家的主人。劳动者的主人翁地位由自身享有的基本权利和应履行的基本义务决定。劳动者的权利和义务相互依存、不可分割。学生应深刻理解劳动者权利和义务相统一的内涵，以敢于担当的精神和强烈的使命意识，在享受劳动者权利的同时更好地履行义务，按照社会主义职业道德的要求，做一名合格的新时代劳动者。

时代楷模

爱岗敬业模范赵庆祥

赵庆祥，男，汉族，1965 年 12 月生，中共党员，国家电网河北省电力有限公司邢台供电分公司桥东供配电中心供电抢修一班班长。多年来，赵庆祥参与抢修排险 4 万余次，行程累计 16 万千米，他用担当书写了共产党员不忘初心、至诚为公的价值追求。

忠诚履责，守护电网

自 1999 年转业至邢台供电分公司供电抢修岗位以来，赵庆祥时刻以共产党员和军人的标准严格要求自己，日夜保卫电网安全。20 多年来，他始终扎根抢修一线，手机 24 小时开机，每年除夕夜坚守岗位；共完成 1 000 余次上门服务，近 300 次义务宣传，帮助客户处理用电问题上千次；练就了 10 分钟诊断事故的绝活，大幅提高了抢修效率。赵庆祥始终在急难险重任务中发挥带头作用，2016年“7•19”邢台特大水灾期间，他冲锋在抗洪抢险第一线，冒着触电危险，涉水冲入地下配电室，断开电源。

苦干实干，敢于创新

多年来，赵庆祥始终坚持传承工匠精神，干一行、钻一行、精一行，以实干创新提高抢修效率和业务技能，争当创新创效先锋。1984 年，作为部队电力保障骨干人员，他参与了我国第一颗通信卫星发射工作。转业后，他立足岗位创新提效，研发出架空避雷器摇臂升降装置，大幅提高了工作效率。为解决邢台市首条电缆入地项目中“环网柜相序区分”难题，他“泡”在工地 20 多天，研制出无线核相仪，使抢修时间缩短了一半以上。

2021 年，赵庆祥被评为第八届全国道德模范。

四、维护就业权益

在就业市场中，学生属于弱势群体，在择业前必须强化自我保护意识，明确自己享有的权利，懂得如何维护自己的合法权益。

（一）学生就业的基本权益

学生作为就业市场的重要主体，除了享有取得劳动报酬权、休息休假权等一般权利外，还享有就业信息知情权、接受就业指导权、被推荐权、违约求偿权等。

1．就业信息知情权

就业信息知情权是指学生拥有及时、全面地获取应该公开的各种就业信息的权利。其含义包括以下几个方面：

（1）信息公开。就业信息应向所有学生公开，任何组织和个人都不得隐瞒、截留就业信息。

（2）信息及时。就业信息有很强的时效性，应及时向学生公布，以免影响学生就业。

（3）信息全面。就业信息应全面、完整，以便学生准确了解用人单位，做出符合自身实际的选择。

2．接受就业指导权

《中华人民共和国高等教育法》第 59 条第 1 款规定："高等学校应当为毕业生、结业生提供就业指导和服务。"就业指导工作直接影响学生的就业方向选择、职业生涯规划等，是学生成功就业的重要保障。

3．被推荐权

学校在就业指导工作中的一个重要职责就是向用人单位推荐学生。在被推荐的过程中，学生享有学校如实推荐、公正推荐和择优推荐的权利。

（1）如实推荐是指学校推荐学生时应实事求是，以学生本人的实际情况为准，不能故意贬低或随意夸大学生的在校表现。

（2）公正推荐是指每位学生都应有被推荐的机会。

（3）择优推荐是指学校应在公正、公开的基础上，本着"优生优待、唯才是举"的原则，向用人单位推荐表现优异的学生。

4．违约求偿权

如果用人单位出现违约行为，学生可以要求用人单位承担违约责任，并支付违约赔偿金。

（二）维护就业权益的措施

学生维护就业权益的措施主要有以下几项。

1．自觉遵守就业规范

在就业过程中，学生应自觉遵守就业规范。根据相关规定，学生有下列情形之一的，学校不再提供就业服务：

（1）不顾国家需要，坚持个人无理要求，经多方教育拒不改正的。

（2）自派遣之日起，无正当理由超过 3 个月不去用人单位报到的。

（3）去用人单位报到后，因不服从安排或提出无理要求被用人单位退回的。

2．了解就业政策和法规

了解国家目前关于学生就业的相关政策和法规，明确自己在就业过程中的权利和义务，是学生维护自身权益的基础。例如，《劳动合同法》第 19 条、第 20 条对试用期的期限和工资做出了明确规定，学生了解这些内容，在遇到"试用期陷阱"时就能够从容应对。

法律讲堂

《劳动合同法》第 19 条规定，劳动合同期限三个月以上不满一年的，试用期不得超过一个月；劳动合同期限一年以上不满三年的，试用期不得超过二个月；三年以上固定期限和无固定期限的劳动合同，试用期不得超过六个月。

同一用人单位与同一劳动者只能约定一次试用期。

以完成一定工作任务为期限的劳动合同或者劳动合同期限不满三个月的，不得约定试用期。

试用期包含在劳动合同期限内。劳动合同仅约定试用期的，试用期不成立，该期限为劳动合同期限。

《劳动合同法》第 20 条规定，劳动者在试用期的工资不得低于本单位相同岗位最低档工资或者劳动合同约定工资的百分之八十，并不得低于用人单位所在地的最低工资标准。

3. 预防合法权益受侵害

学生在求职过程中，应本着诚实守信的原则，向用人单位介绍自己的真实情况。同时，学生应强化风险意识，对一些用人单位使用虚假信息招聘劳动者的做法，要有提防心理，预防合法权益受到侵害。

4. 积极维护自身的合法权益

在就业过程中，学生如果遭遇不公平对待，要敢于拿起法律武器据理力争，或者向政府相关部门和学校投诉，或者借助新闻媒体来维护自身的合法权益。

案例在线

用人单位不缴纳社会保险费该怎么办

小张毕业后就职于某用人单位，工作期间，该用人单位拒绝为其缴纳社会保险费。小张遂向劳动争议仲裁委员会提出仲裁申请，但仲裁委员会出具了不予受理通知书。随后，小张以社会保险纠纷为由向人民法院起诉用人单位，要求用人单位补偿自己的损失。

人民法院审理后指出，小张与用人单位之间的争议属于社会保险费征收与缴纳方面的争议，应归入行政管理的范畴，不属于法院民事案件的受理范围，故驳回了小张的起诉。

于是，小张查询了《劳动法》和《社会保险法》。《劳动法》第 100 条规定：“用人单位无故不缴纳社会保险费的，由劳动行政部门责令其限期缴纳；逾期不缴的，可以加收滞纳金。”《社会保险法》第 63 条第 1 款规定：“用人单位未按时足额缴纳社会保险费的，由社会保险费征收机构责令其限期缴纳或者补足。”由此可见，劳动者、用人单位与社会保险机构就社会保险费缴纳等发生争议，是社会保险费征收与缴纳方面的纠纷，属于行政管理的范畴，带有社会管理性质。

对于因用人单位欠缴、拒缴社会保险费或者劳动者对缴费年限、基数有异议等发生的争议，劳动者可以要求社会保险行政部门（即人力资源和社会保障部）或者社会保险费征收机构依法处理。随后，小张向当地人力资源和社会保障局求助，用人单位才补缴了小张的社会保险费。

五、解决违约问题与劳动争议

学生在就业过程中可能会用到两份与就业相关的文件——《全国普通高等学校毕业生就业协议书》（以下简称《就业协议书》）和劳动合同。了解与《就业协议书》有关的违约问题的处理方法、与劳动合同有关的劳动争议的解决方法，有利于学生维护自身的合法权益。

（一）与《就业协议书》有关的违约问题的处理方法

与《就业协议书》有关的争议经常发生，其原因一般是学生草率地与某用人单位签订了《就业协议书》，但后来找到了更适合自己的用人单位，想解除与原用人单位的就业协议，从而引发违约问题。

扫一扫

就业协议书

在实践中，针对与《就业协议书》有关的违约问题，通常有以下几种处理方法：

（1）学生与用人单位协商解决。学生可以向用人单位说明情况并赔礼道歉，争取获得用人单位的谅解，必要时支付违约金。这种方法适用于因学生违约而引起的就业协议争议。

（2）学校或当地省级学生就业主管部门与用人单位协调解决。学校或学生就业主管部门介入，使学生和用人单位达成和解。这种方法多适用于因用人单位违约而引起的就业协议争议。

（3）通过法律途径解决。对于协商或调解不成的，学生可向人民法院起诉，由人民法院依法裁决。

探究与分享

你是如何看待学生签署《就业协议书》后违约这一行为的？

（二）与劳动合同有关的劳动争议的解决方法

劳动合同是指用人单位与劳动者确立劳动关系、明确双方权利义务的协议。与劳动合同有关的劳动争议一般有以下几类：

（1）因用人单位辞退劳动者和劳动者辞职所发生的争议。

（2）因执行国家有关工资、保险、福利、培训、劳动保护的规定所发生的争议。

（3）因履行劳动合同所发生的争议。

劳动争议的解决方法有劳动争议协商、劳动争议调解、劳动争议仲裁和劳动争议诉讼，后三种解决方法对应的机构分别是劳动争议调解委员会、劳动争议仲裁委员会和人民法院。

1．劳动争议协商

劳动争议协商是指劳动关系双方当事人在发生劳动争议后，自行协商解决，以澄清误会、分清责任、取得谅解，最终达成和解协议。

2．劳动争议调解

劳动争议调解是指劳动争议调解委员会在查清事实的基础上，依照相关法律法规，向劳动争议双方当事人陈述各自的权利和义务以及利弊关系，争取使双方在相互谅解的基础上达成调解协议的方法。

3．劳动争议仲裁

劳动争议仲裁是指劳动争议仲裁委员会在查明事实、分清责任的基础上，依照国家法律法规和相关政策，对劳动争议双方当事人的责任进行认定和裁决。仲裁既具有调解的灵活、快捷，又具有法律强制执行的特点。裁决做出后，劳动争议当事人对仲裁裁决不服的，可以自收到仲裁裁决书之日起 15 日内向人民法院提起诉讼。一方当事人在法定期限内不起诉又不履行仲裁裁决的，另一方当事人可以申请人民法院强制执行。

4．劳动争议诉讼

劳动争议诉讼是指当事人不满意劳动争议仲裁委员会的仲裁结果，依法向人民法院起诉，由人民法院依法审理并做出判决。诉讼是处理劳动争议的最终方式。最终生效的判决标志着该劳动争议案件诉讼程序的终结。人民法院对劳动争议案件的审理，适用《中华人民共和国民事诉讼法》规定的程序，分为起诉和受理、调查取证、调解、开庭审理等阶段。人民法院做出判决后，向当事人发送判决书。当事人不服一审判决的，有权在判决书送达之日起 15 日内，向上一级人民法院提起上诉。到期未上诉的，判决书自动发生法律效力。

劳动小贴士

劳动争议协商和劳动争议调解不是人民法院处理劳动争议的必经程序，但劳动争议仲裁是人民法院处理劳动争议的必经程序，也是处理劳动争议最重要的程序。在我国司法实务中，人民法院受理劳动争议案件是以经劳动争议仲裁委员会裁决过为前提的。只有经过劳动争议仲裁，当事人才可以向人民法院提起诉讼。不经过劳动争议仲裁，当事人直接向人民法院提起诉讼，人民法院不予受理。

第二节　做好劳动防护措施

一、防止触电

电是劳动者经常使用的能源，如果缺乏安全用电知识，不按相关规程安装、使用和维修电气设备，就极易发生触电事故（见图 8-4）。

图 8-4　触电事故

为防止触电，劳动者应做到以下几点：

（1）确保经常接触和使用的配电箱、配电板、闸刀开关、按钮开关、插座、导线等没有带电部分裸露的情况。

（2）不得用铜丝等代替保险丝，并保持闸刀开关等的盖子完好无损，以防短路时保险丝熔断飞溅伤人。

（3）经常检查电气设备的保护接地、接零装置，保证其连接处无松动情况。

（4）不得私自摆弄或维修电气设备，在移动电气设备时，必须先切断电源。

（5）在使用手电钻、角磨机（见图 8-5）等手持电动工具的过程中，应防止移动工具时导线被拉断。操作时应戴好绝缘手套并站在绝缘板上。

（6）维修电气设备时，一定要切断电源，并在显眼处放置“禁止合闸 有人工作”的警示牌。

需要注意的是，学生在劳动过程中和日常生活中都应防止触电，增强防止触电的意识。

扫一扫

日常生活防触电小常识

图 8-5　角磨机

案例在线

因安全意识淡薄，引发触电事故

某日，陕西省西安市西咸新区某家居公司钢结构库房项目施工现场，3 名员工在移动脚手架的过程中，脚手架顶部不慎触碰到上方架空的高压电线，引发触电事故，致使 3 人当场死亡。

经调查，3 名员工未接受过任何安全培训，无特种作业操作资格，无风险辨识能力和分析作业场所重大危险因素的能力，且 3 人安全意识淡薄，违规进行高处作业和电焊作业，未穿戴劳动防护用品，最终酿成惨剧。

二、防止机械伤害

机械伤害主要是指机械部件、工具、工件直接与人体接触引起的夹击、碰撞、剪切、卷入、碾、割、刺等形式的伤害。各类转动机械的外露传动部分和往复运动部分都有可能对人体造成伤害。

（一）常见的机械伤害事故

常见的机械伤害事故主要有以下两种。

1．切割机械伤害事故

切割作业（见图 8-6）的危险主要来自刀具、转动件，以及加工过程中飞出的高温金属切屑和因刀具破碎而飞出的碎片等。如果操作不慎，刀具和转动件就容易切割到劳动者的手臂、大腿等部位，飞出的切屑和碎片还可能伤到其眼睛。

图 8-6 切割作业

案例在线

切割片破碎致右眼失明

童某是安徽省某环境科技有限公司的一名操作工。某日上午，部门主管安排童某进行切割作业，但童某未佩戴防护眼镜，部门主管也未提醒。9:42 左右，砂轮切割机切割片在切割过程中破碎，碎片飞出并插入童某右眼，导致童某右眼失明。

经调查，该砂轮切割机未安装切割片保护罩，且切割片使用时间过长，因此在切割过程中破碎。

2．冲压机械伤害事故

冲压是指借助压力机的作用，对放在凹模和凸模间的板料进行冲裁或成形、弯曲、拉深等，以获得所需工件的金属塑性加工方法。冲压作业单调且操作频率高，劳动者长时间进行冲压作业容易机体疲劳、反应迟缓、注意力不集中、动作失调，进而引发伤害事故。

（二）防止机械伤害的措施

为防止机械伤害，劳动者在操作机械前、操作机械时和结束操作后都应遵守相应的规范。

1．操作机械前

（1）穿好工作服，扎紧袖口，扣好纽扣。

（2）头发较长者应将头发盘起，置于工作帽内。

（3）车工、铸造工等应穿好防砸安全鞋。

（4）操作有切屑飞出或产生强光的机械时，应戴好防护眼镜或防护面罩（见图 8-7）。

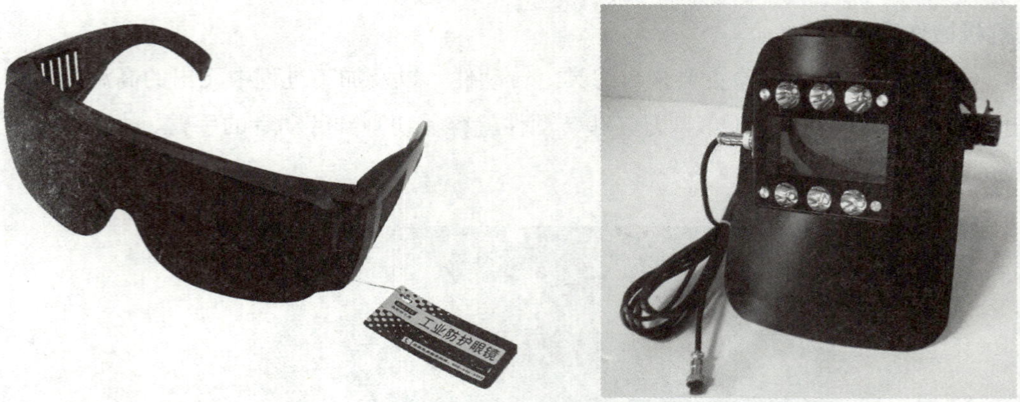

图 8-7　防护眼镜和防护面罩

（5）确认操作手柄是否位于空挡。

（6）检查安全防护装置有无松动现象。

（7）查看交接班记录，检查机械之前的异常情况是否处理完毕。

2．操作机械时

（1）开动、关停机械时要提醒周围人员。

（2）先使机械空转几分钟，确认一切正常后再开始工作。

（3）确保零部件无松动现象。

（4）机械运转时，不得随意离开岗位，不得串岗作业。

（5）机械运转时出现故障，必须立即停机检修。

3．结束操作后

（1）关闭机械电源，将工具放在指定位置。

（2）检查机械是否存在安全隐患。如果发现隐患，应及时上报。

知识链接

防止机械伤害的要点

防止机械伤害，要做到“一禁、二必须、三定、四不准”。

一禁：严禁不具备机械操作相关知识的人员操作机械。

二必须：机械应完好，必须有可靠、有效的安全防护装置；机械使用完毕，必须关机拉闸，并按要求上锁。

三定：机械应由指定的人员操作、检查和保养；对每一台机械，应做到定期保养；每一台机械应与特定的岗位对应。

四不准：不准运转有问题的机械；不准超负荷运转机械；不准在机械运转时对其进行维修或保养；不准将头、手等伸入运转的机械内。

三、防止火灾发生

火灾（见图 8-8）是最常发生的劳动安全事故，对劳动者的生命健康和社会经济发展危害极大。火灾发生的原因多种多样，但最主要的原因还是劳动者安全意识不强、用人单位安全防范责任落实不到位。

图 8-8　火灾

为防止火灾发生，劳动者和用人单位应做到以下几点：

（1）定期对消防设施和消防器材进行保养，确保其完好有效。保持防火门、防火卷帘、消防安全标志牌（见图 8-9）、应急照明设备、排烟送风设备、火灾事故广播系统等时刻处于正常工作状态。

图 8-9　消防安全标志牌

（2）保证疏散通道和安全出口畅通。不得占用疏散通道或者在疏散通道和安全出口放置障碍物，不得在生产期间封闭安全出口，不得遮挡消防安全标志牌。

（3）禁止在具有火灾、爆炸隐患的场所使用明火。因特殊情况需要进行电焊、气焊等明火作业的，动火部门和人员应当严格按照用火管理制度办理审批手续，采取相应的消防安全措施，并清除动火区域的易燃物。

（4）消防安全重点单位应当每日进行防火巡查，并确定巡查的人员、内容和频次。其他企业可以根据需要组织防火巡查。防火巡查人员应当及时纠正违章行为，无法当场处置的，应当立即向有关部门报告。

（5）新员工在上岗前必须接受消防安全培训，从事火灾危险性较大的工作的员工必须接受消防安全专业培训，并持证上岗。

（6）将热处理后的工件堆放在安全的地方，严禁将其堆放在有油渍的地面和木材、纸张等可燃物附近。

（7）员工要做到“三懂三会”，即懂得本职业的火灾危险性、懂得基本消防常识、懂得预防火灾的知识，会报火警、会扑救初期火灾、会组织疏散人员。

案例在线

违规操作引发火灾被拘

某日 12:26，广东省东莞市消防救援支队指挥中心接到报警，东莞市茶山镇某高分子材料科技有限公司发生火灾。支队指挥中心立即调派茶山镇及周边消防人员前往救援。现场火势于 14:10 得到控制，事故未造成人员伤亡。

经调查，起火原因为该公司员工井某在明知泡棉刚生产出来时温度很高，应将其放置到专用区域或室外空旷场地冷却的情况下，违反操作规程，将泡棉随意放置并离开现场去食堂就餐。不久后，泡棉自燃并引燃周边可燃物，火势最终蔓延成灾。

调查人员经现场实地勘察、调取监控视频、询问当事人及目击者，认定井某应承担因过失而引发火灾的责任。根据《中华人民共和国消防法》第 64 条的规定，井某被行政拘留 15 日。

四、警惕职业病

扫一扫

预防职业病

职业病是指企业、事业单位和个体经济组织等用人单位的劳动者在职业活动中，因接触粉尘、放射性物质和其他有毒、有害因素而引起的疾病。

根据 2013 年印发的《职业病分类和目录》，职业病包括职业性尘肺病及其他呼吸系统疾病、职业性皮肤病、职业性眼病、职业性耳鼻喉口腔疾病、职业性化学中毒、物理因素所致职业病、职业性放射性疾病、职业性传染病、职业性肿瘤和其他职业病十大类，共 132 种。

上述职业病中，职业性尘肺病是我国最常见的职业病。《2020 年我国卫生健康事业发展统计公报》显示，2020 年，全国共报告各类职业病新病例 17 064 例，其中职业性尘肺病病例有 14 367 例。职业性尘肺病对人体危害大，且一般无法治愈。从事矿山开采业、机械加工业、冶炼业的劳动者若在工作中长期吸入生产性粉尘，就有患职业性尘肺病的风险。

职业病防治与广大劳动者的身体健康和生命安全息息相关。劳动者在劳动前应积极接受职业卫生知识培训，在劳动过程中正确使用并及时更换劳动防护用品，定期进行健康检查，学会用《中华人民共和国职业病防治法》（以下简称《职业病防治法》）等法律法规维护自己的权益。

《职业病防治法》第 15 条规定，产生职业病危害的用人单位的设立除应当符合法律、行政法规规定的设立条件外，其工作场所还应当符合下列职业卫生要求：

① 职业病危害因素的强度或者浓度符合国家职业卫生标准；

② 有与职业病危害防护相适应的设施；

③ 生产布局合理，符合有害与无害作业分开的原则；

④ 有配套的更衣间、洗浴间、孕妇休息间等卫生设施；

⑤ 设备、工具、用具等设施符合保护劳动者生理、心理健康的要求；

⑥ 法律、行政法规和国务院卫生行政部门关于保护劳动者健康的其他要求。

《职业病防治法》第 20 条规定，用人单位应当采取下列职业病防治管理措施：

① 设置或者指定职业卫生管理机构或者组织，配备专职或者兼职的职业卫生管理人员，负责本单位的职业病防治工作；

② 制定职业病防治计划和实施方案；

③ 建立、健全职业卫生管理制度和操作规程；

④ 建立、健全职业卫生档案和劳动者健康监护档案；

⑤ 建立、健全工作场所职业病危害因素监测及评价制度；

⑥ 建立、健全职业病危害事故应急救援预案。

政策引领

《国家职业病防治规划（2021—2025 年）》印发

职业健康是健康中国建设的重要基础和组成部分，事关广大劳动者健康福祉与经济发展和社会稳定大局。为贯彻落实党中央、国务院关于加强职业健康工作的决策部署，2021 年 12 月，《国家职业病防治规划（2021—2025 年）》（以下简称《规划》）印发，提出了我国 2021—2025 年职业病防治的主要任务：

（1）深化源头预防，改善工作场所劳动条件。

（2）严格监管执法，提高职业健康监管效率。

（3）强化救治措施，提高职业病患者保障水平。

（4）推动健康企业建设，提高职业人群健康水平。

（5）加强人才培养，强化技术支撑体系建设。

（6）推动科技创新，引领职业健康高质量发展。

（7）推进信息化建设，提升职业健康管理效能。

（8）加强宣教培训，增强全社会职业健康意识。

《规划》的目标为：到 2025 年，我国职业健康治理体系更加完善，职业病危害状况明显好转，工作场所劳动条件显著改善，劳动用工和劳动工时管理进一步规范，职业性尘肺病等重点职业病得到有效控制，职业健康服务能力和保障水平不断提高，全社会职业健康意识显著增强，劳动者健康水平进一步提高。

第三节 学习劳动事故急救常识

一、心脏骤停急救常识

心脏骤停发病急、死亡率高，是医学领域最危急的情况之一，若得不到及时有效的救治，4～6 分钟后会对患者的脑部和其他重要器官、组织造成不可逆的损害，甚至导致患者死亡。学习心脏骤停急救方法，在关键时刻能够挽救他人的生命。

（一）判断心脏骤停的方法

识别心脏骤停，主要是判断并确定患者是否出现以下“三停”：

（1）意识停止。判断患者的意识状态时，可用力拍打患者的双肩并大声询问“你怎么啦？”然后观察其是否有反应。

（2）呼吸停止。如果患者丧失意识，则应迅速判断患者是否有呼吸。一般应侧着脸在患者鼻前感受其是否有呼吸，同时侧着头平视患者的胸廓，看其胸廓是否有起伏变化。

（3）心跳停止。判断方法为：将一只手的食指与中指并拢伸直，置于患者喉结旁的凹陷处，用指腹感受血管是否有搏动。

经识别，若发现患者无意识、无呼吸或无心跳，则应在第一时间拨打急救电话。

（二）心脏骤停急救方法——心肺复苏

心肺复苏包括三个步骤，即胸外按压、开放气道和人工呼吸。

（1）胸外按压。进行胸外按压时，应使患者平卧于硬质平面上，解开其衣扣及裤带，按压两乳头连线的中点（见图 8-10）。按压时，将左手手掌置于患者胸部中央，右手手掌置于左手手背上，十指相扣；上身前倾，双臂与患者的胸部垂直（见图 8-11），以自身的髋关节为轴，用上身的力量向下按压患者胸骨，持续按压 30 次，频率为 100～120 次/分，深度为胸骨下陷 3～5 厘米。进行胸外按压时，应最大限度减少中断。

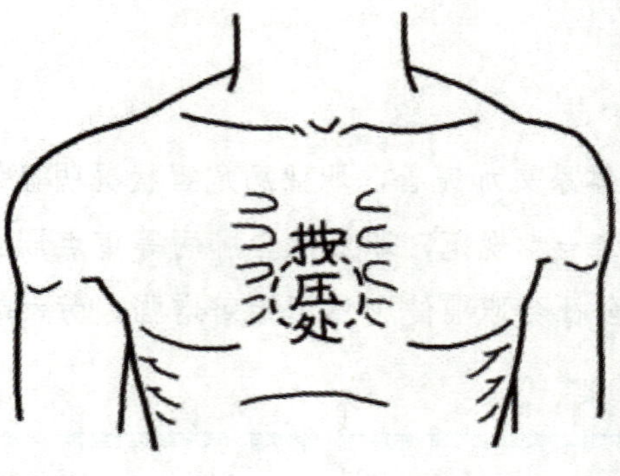

图 8-10　按压部位示意图

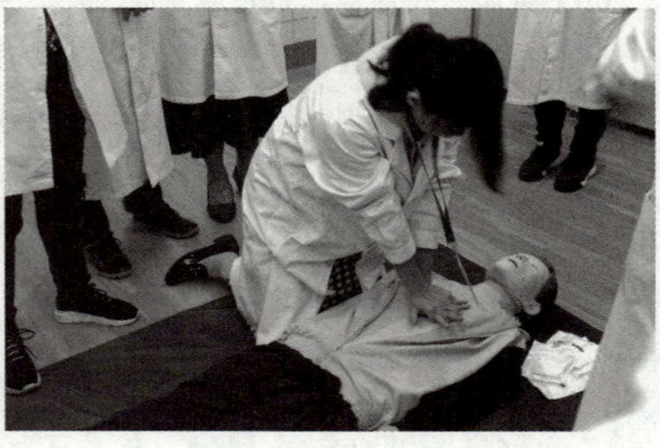

图 8-11　胸外按压示意图

（2）开放气道。开放气道主要是使患者下巴与耳垂的连线垂直于地面，即呈“鼻孔朝天”状态（见图 8-12）。但要注意，在开放气道前，应检查患者口腔内有无分泌物及可活动假牙。若有，则应先将患者的头偏向一侧，取出分泌物或假牙。

（3）人工呼吸。缓慢用力将气体吹入患者口中，同时用余光观察患者的呼吸情况，以胸廓明显突起为准，然后松开患者的口鼻，使患者体内的气体顺畅地排出（见图 8-13）。

图 8-12　开放气道示意图

图 8-13　人工呼吸示意图

在进行 30 次胸外按压后，开放患者气道并进行 2 次人工呼吸，以上为一组心肺复苏操作。连续进行五组操作（约 2 分钟）后，再检查患者的情况，判断其意识、呼吸、心跳等是否恢复。现在也有研究认为，不进行人工呼吸，仅进行胸外按压，也能起到抢救效果。

青春风采

汉中职院毕业生抢救落水老人

2020 年 5 月 5 日，毕业于汉中职院护理专业的赵静与丈夫在饭后散步时发现有老人落水，护士的职业本能驱使她立即上前，大声呼喊路人支援。随后，赵静夫妇与闻讯而来的路人合力将落水老人救起。

经察看，赵静发现老人意识丧失、脉搏微弱且已无自主呼吸，于是她立即拨打 120 急救电话，然后和丈夫一起对老人实施心肺复苏，直至老人恢复明显的生命体征。随后，老人被抬上救护车并送至医院接受进一步治疗。由于施救及时、措施得当，落水老人最终脱离了生命危险。

事后，面对大家的夸赞，赵静略显害羞，她认为自己所做的一切都是出于本能反应，“救死扶伤，存德心、尽仁术”是护士应尽的职责。

二、其他急救常识

（一）触电急救

发现有人触电时，应迅速断开电源或用干木棍、干竹竿等绝缘体挑开电线（见图 8-14），注意不能直接用手去拉触电者或电线。电线与触电者分离后，应立即检查触电者的心跳和呼吸情况。若触电者已停止呼吸，则应立即对其进行胸外按压和人工呼吸，同时拨打急救电话，寻求专业人员的帮助。

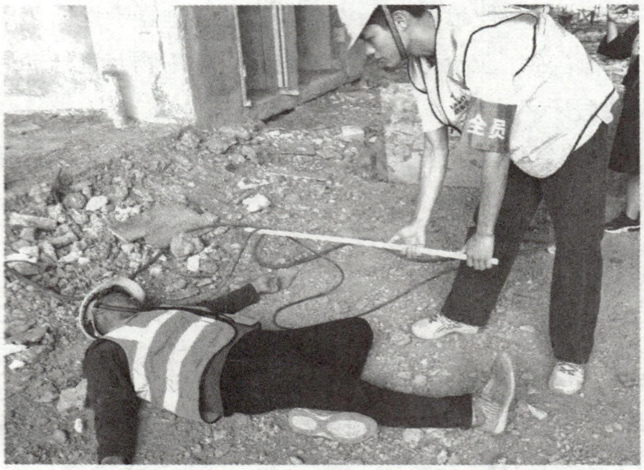

图 8-14　用绝缘体挑开电线

（二）中暑急救

发现有人中暑时，应及时将其转移到阴凉通风处，使其平卧并解开其上衣（见图 8-15），然后喂其喝一些淡盐水（不可大量补充水分，否则会引起呕吐、腹痛、恶心等症状），最后利用扇子或电风扇帮助其散热。若中暑情况较为严重，必须立即将中暑者送往医院诊治。

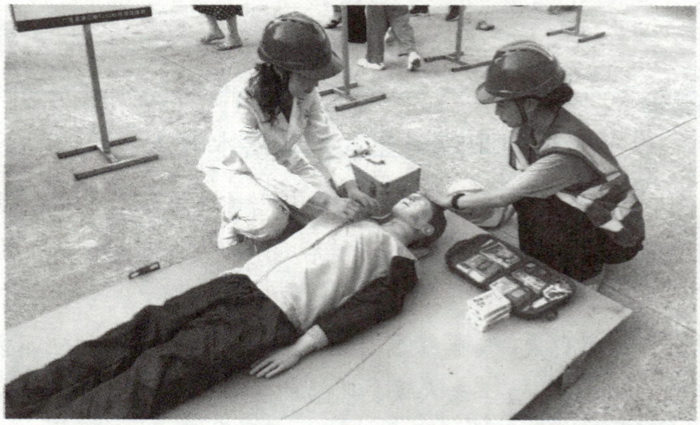

图 8-15　中暑急救

（三）烫伤急救

一旦有人烫伤，应立即用流动的冷水冲洗（见图 8-16）或用凉毛巾敷被烫伤部位，以降低被烫伤部位的温度并减轻疼痛。如果被烫伤部位有衣物覆盖，应先将冷水直接浇在衣物上，待被烫伤部位充分泡湿后，再小心除去衣物。如果衣物和被烫伤部位的皮肤粘在一起，切勿直接拉开粘连的衣物，而应将未粘连的衣物剪去，让粘连部分留在皮肤上，然后用清洁的纱布覆盖被烫伤部位，并且尽快就医。

烫伤后，要注意以下两点：

（1）不能采用冰敷的方式治疗烫伤，这是因为冰会损伤被烫伤部位的皮肤，引发炎症。

（2）不要弄破水泡，也不要随意将抗生素药膏或油脂涂抹在被烫伤部位，因为这些黏糊糊的物质很容易沾染脏东西，不利于被烫伤部位恢复。

图 8-16 用流动的冷水冲洗被烫伤部位

（四）意外受伤急救

发现有人因受伤而大出血时，应保持冷静，迅速评估伤口大小和出血情况，然后用一个能完全覆盖伤口的干净敷料（如毛巾、纱布等）按压伤口进行止血。需要注意的是，按压伤口时，一定要施加足够的压力，否则将无法达到止血的目的。

知识链接

常用的止血方法

常用的止血方法有以下几种：

（1）伤口加压法。如果伤口没有异物且出血较少，则可用干净的纱布、毛巾、绷带等物品包扎伤口，或者直接用手压紧伤口。如果出血较多，则可将纱布、毛巾等柔软物品垫在伤口上，再用绷带包扎以增加压力。

（2）手压止血法。手压止血法是指用手指或手掌压迫伤口靠近心端的动脉，以阻断血液流通，通常与其他止血方法配合使用。使用手压止血法的关键是要掌握身体各部位血管止血的压迫点。手压止血法仅限于用其他止血方法无法止住伤口出血的情况。施压时间切勿超过 15 分钟，如施压过久，肢体组织可能会因缺氧而损坏。

（3）止血带法。这种方法适合在四肢伤口大量出血时使用。止血带（见图 8-17）的绑扎松紧程度要适宜。使用止血带的时间越短越好，最长不宜超过 3 个小时。在此期间，每隔半个小时（冷天）或 1 个小时慢慢放松一次，每次放松 1～2 分钟，放松时可用手压止血法暂时止血。不到万不得已，不要轻易使用止血带。因为使用止血带有可能把远端肢体的血流阻断，造成组织缺血，时间过长时会引起肢体坏死。

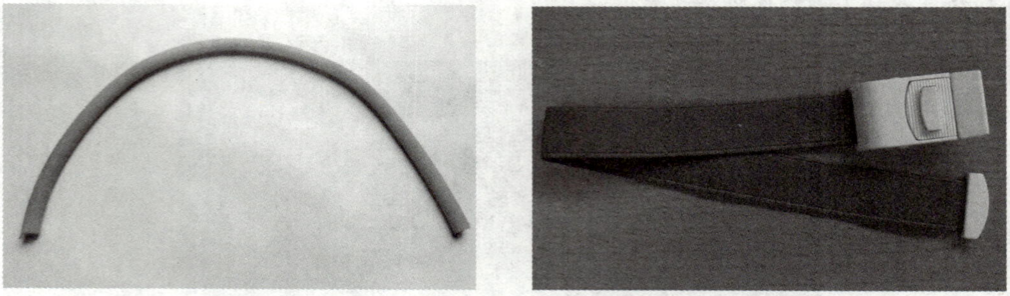

图 8-17　止血带

实践活动一

开展劳动法律知识有奖竞赛

现实生活中，部分学生缺乏劳动法律法规方面的知识，在发生劳动纠纷时不知道如何维护自己的合法权益。例如，签订的劳动合同中有很多条款对自己不利，学生不知道增加补充条款保护自己的合法权益；对劳动争议仲裁程序一无所知，自己的劳动权益得不到劳动争议仲裁委员会的支持；等等。

为了加深学生对劳动法律知识的了解，引导其增强维护自身合法权益的意识，班级组织开展“劳动法律知识有奖竞赛”活动。3～6 人为一组，提前熟悉竞赛规则，做好准备工作，积极参与竞赛活动，并在课堂上分享心得体会。

活动记录

竞赛规则：

活动准备：

心得体会：

活动评价

老师可参考表 8-1 对学生在实践活动中的表现进行评价。

表 8-1　实践活动评价表

评价标准	分值	分数小计	老师评价
活动准备工作做得充分，活动记录填写完整	20		
分工合理，各成员均积极参与	30		
竞赛活动有序开展，知识宣传效果明显	30		
在活动中表现良好	20		
总　计	100		

实践活动二

“劳动者权益大讲堂”活动

当今社会，一些企业并没有严格按照劳动法的要求来保障劳动者权益，制定了许多不合理的规章制度，克扣劳动者的社会保险和住房公积金，甚至直接进行合同欺诈。为了让学生更清楚地了解维护自身劳动权益的重要性和维护劳动权益的合法途径，班级组织开展“劳动者权益大讲堂”活动。

3～6 人为一组，搜集、分析 1～2 个有关劳动者维权的典型案例，然后在课堂上展示本组的成果，为劳动者维护自身权益提出科学、合理的建议。

活动记录

劳动者维权案例 1：

劳动者维权案例 2：

对劳动者维权的建议：

活动评价

老师可参考表 8-2 对学生在实践活动中的表现进行评价。

表 8-2　实践活动评价表

评价标准	分值	分数小计	老师评价
活动准备工作做得充分，活动记录填写完整	10		
熟悉我国的劳动法律制度，明白劳动者的权利和义务	30		
劳动者维权案例典型，具有教育意义	20		
能科学、合理地分析案例，并根据法律进行解读	30		
能为劳动者维权提出有用的建议	10		
总　计	100		

实践活动三

设计劳动安全宣传方案

现实生活中，部分学生缺乏劳动安全知识，在参加劳动时可能会面临危险。例如，学生不清楚机械安全操作规程，擅自使用、摆弄机械；不清楚劳动防护用品的用途和使用方法；不清楚发生危险后如何正确救助他人；等等。

为了让学生深刻体会劳动安全的重要性，引导其强化劳动安全意识，提高劳动安全防范能力，班级组织开展“设计劳动安全宣传方案”活动。3～6 人为一组，积极设计方案，以 PPT 或视频的形式在课堂上展示方案，并分享心得体会。

活动记录

设计要点：

设计难点及解决方案：

心得体会：

活动评价

老师可参考表 8-3 对学生在实践活动中的表现进行评价。

表 8-3　实践活动评价表

评价标准	分值	分数小计	老师评价
活动准备工作做得充分，活动记录填写完整	20		
分工合理，各成员均积极参与	30		
宣传方案贴近实际、条理清晰，具有较强的教育意义	30		
PPT/视频制作精良	20		
总　计	100		

SUZHI TUOZHANPIAN

素质拓展篇

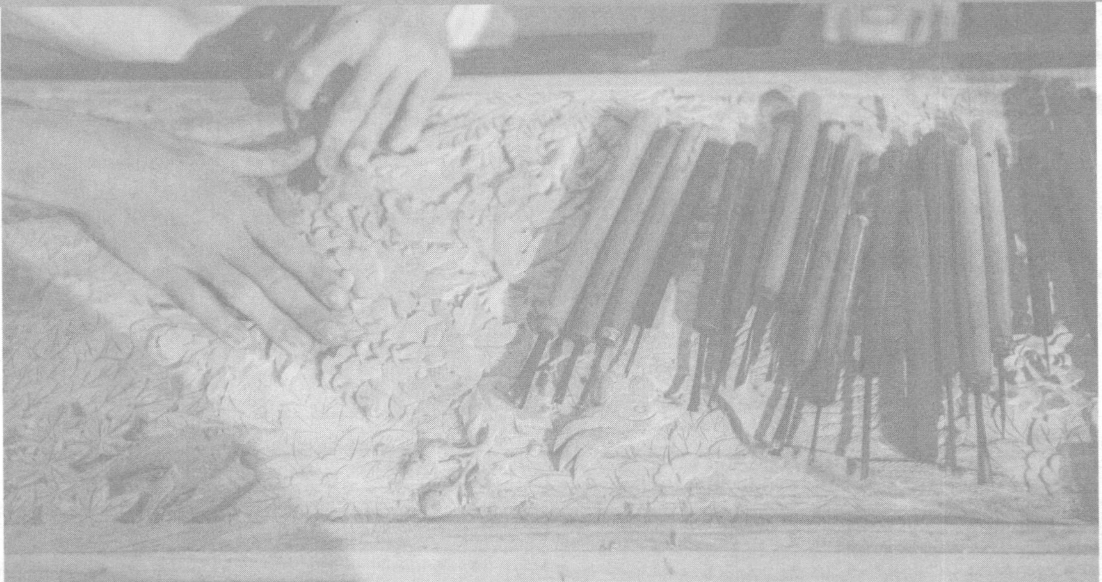

第九章 创新成就梦想，创业成就未来

创新是人的一种创造性实践活动，强调劳动的开拓性与原创性，而创业是一种劳动方式。创新是创业的基础和前提，创业是创新的体现和延伸。

学生是最具创新和创业潜力的群体之一，是“大众创业、万众创新”新时代的生力军。学校作为培养人才的摇篮、创新创业的孵化器，应将新时代学生创新创业教育摆在重要位置，不断推进创新创业教育工作向前发展，这既是国家实施创新驱动发展战略、促进经济提质增效升级的迫切需要，也是培养学生创新创业精神、创新创业能力和实践本领的重要途径。

知识目标

- 理解创新精神的内涵，了解创新精神的要求、重要性和培养途径。
- 了解创业精神的本质、特征和培养途径。
- 理解在劳动教育中融入创新创业教育的意义。

素质目标

- 理解创新对国家、民族和个人的重要意义，不断解放思想，增强创新意识，提高创新能力。
- 在创新创业活动中体验劳动成果来之不易，体悟“艰难困苦，玉汝于成”的深刻哲理，感受劳动带来的成就感。

课堂引例

创新创业铸就美好人生

2013 年，小刘毕业于江西工业职业技术学院。小刘一直有自己创业的想法，2013 年 3 月，他拿着借来的 2 万多元钱，开始了他的创业之路。

经过考察，小刘发现学校学生及学校附近的居民对图文打印的需求很高，而学校附近只有一家图文打印店。于是，他决定在学校后面的商业街开一家图文打印店。交完租金后，他用剩下的钱购置了打印机、条幅机等必需设备。

开业后，店内生意很差。经过分析，小刘认为店内生意差主要有四个原因：① 店内设备不全，导致一些业务无法完成；② 自己缺乏运营经验；③ 自己的平面设计能力不足；④ 顾客信任度低。

分析原因后，小刘积极采取措施解决问题：和其他图文打印店合作，将一些因设备不全而不能完成的业务委托他们完成，以提高顾客信任度；报名专业培训班学习有关运营和平面设计的知识；发放宣传单，以更优惠的价格吸引顾客；等等。

采取上述措施后，店内顾客果然多了起来。这时，他明白了老师曾说过的一句话——创业者成功的原因之一是有执行力，创业不是等待，而是行动。

2014 年，商业街内的图文打印店由最初的两家增加到了十几家，激烈的市场竞争让小刘非常迷茫。在朋友和老师的鼓励下，小刘鼓起勇气，继续前行。这一年，他怀着“精诚所至，金石为开”的信念，以质优价廉的产品和热情的服务，得到了顾客的一致好评，生意越来越好。赚到钱后，小刘陆续购买了写真机、雕刻机等大型设备，并聘请了两名设计师。在短短两年内，小刘的打印店快速成长起来。

2017 年 11 月，小刘决定开一家分店。经过考察，他在济源市北海大道商业街租了一个面积为 200 多平方米的临街店铺，配备了各种设备，增加制作名片、条幅、彩页、宣传册、展板、X 展架、易拉宝、车贴广告等业务。2019 年，两家店的营业额达到了 100 多万元。2021 年，秉承“以质量求生存、以创新求发展”的原则，小刘不断拓展业务，不断提高店员的设计、生产能力，得到了广大顾客的认可。

创业容易守业难。在创业过程中，每一个创业者都有压力。虽然小刘在刚毕业的时候还是一个稚嫩的大男孩，但是在经历了这么多磨难后，他已经成为一个坚韧不拔、不怕困难的创业者。他坚信，精诚所至，金石为开。

? 想一想

（1）什么是创新精神和创业精神？

（2）怎样培养创新精神和创业精神？

第一节 培养创新精神

创新是当代中国最鲜明的特征，也是中华民族最深沉的民族禀赋。中国共产党在领导中国人民实现从站起来、富起来到强起来的历史性飞跃中，发扬了创新精神，取得了万众瞩目的成就。“惟创新者进，惟创新者强，惟创新者胜。”只有敢于创新、勇于变革，不断学习新知识、新理论，不断研究新热点、新领域，才能在实践中不断摸索出新思路、新办法，进而走在时代的前面。

一、创新精神的内涵

创新是指试图改变现状以创造新的事物、方法、元素、路径、环境等的实践活动，其本质是求新、求变、求突破。创新精神是指能够综合运用已有的知识、技能和方法提出新方法、新观点的思维能力，以及进行发明创造、改革、革新的意志、信心、勇气和智慧。

一个具有创新精神的人，必定对自己的事业有浓厚的兴趣，有远大的理想，并且有勇于探索、敢于冒险的开拓进取精神，有锲而不舍、百折不挠的顽强毅力，同时对实现创新目标充满自信。

（一）浓厚的兴趣和远大的理想

浓厚的兴趣是劳动者事业成功的重要动力。古往今来，大凡有成就者，无不对自己的事业拥有浓厚的兴趣，无不废寝忘食、夜以继日、乐此不疲。王羲之以墨为食，爱因斯坦忘记自己家门的位置，陈景润走路撞树，都是因为他们对事业有深厚的兴趣，在工作中做到了全身心投入。

远大的理想是劳动者事业成功的强大动力。周恩来在上中学时就立志“为中华之崛起而读书”，马克思 17 岁时就拥有“为人类幸福而工作”的远大理想。大学毕业时，年轻的黄大年在同学的毕业纪念册上郑重地写下“振兴中华，乃我辈之责”，回国后，这位科学家像陀螺一样不知疲倦地旋转，带领团队突破国外高精度探测装备技术封锁，推动中国真正进入“深地时代”。

（二）勇于探索、敢于冒险的开拓进取精神

图 9-1 “两弹一星”元勋程开甲

创新是风险性极高的开创性实践活动，没有经验可循，创新的成果具有不确定性。世界上任何重大科技成果的出现，无不经历了多次失败，无不需要劳动者在漫长的岁月中不断钻研，甚至花费巨资。“两弹一星”元勋程开甲（见图 9-1）曾穿着简单的防护服，冒着地下核爆炸的强辐射危险，拿着手电筒，爬进最危险的爆心，实地考察取得了第一手重要资料。只有具备勇于探索、敢于冒险的开拓进取精神，劳动者才能取得突破性进展；因循守旧，裹足不前，必然错失良机。

（三）锲而不舍、百折不挠的顽强毅力

创新活动是一项艰苦卓绝的高强度脑力劳动，劳动者如果没有锲而不舍、百折不挠的顽强毅力，是很难取得成功的。革命导师马克思花费了数十年时间才创作出《资本论》；居里夫人用了数年时间才从数吨沥青铀矿矿渣中提炼出镭；著名发明家爱迪生在改进灯泡的过程中，试验了几千种材料，才制造出了碳纤维白炽灯，使灯的照明时间延长至 1 200 小时；屠呦呦带领团队数十年如一日地进行了无数次实验，在一次次失败后不断改进提取方法，最终发现了青蒿素。

（四）对创新目标的实现充满自信

劳动者对创新目标的实现充满自信，这是他们获得成功的前提。劳动者如果缺乏自信、不敢想象创新目标能够实现，即使天赋再高，也难以取得丰硕的创新成果。著名物理学家爱因斯坦曾说，自信是迈向成功的第一步。面对别人的质疑，爱因斯坦始终相信自己的理论是正确的，坚持研究，终于使相对论成为 20 世纪的伟大理论。

创新是实现中国梦的重要保障。如果没有强大的科技，“两个翻番”“第一个百年”的奋斗目标就难以顺利实现，中国梦这篇大文章就难以顺利写下去，中国也难以从大国走向强国。非学无以广才，非志无以成学。学生应当以祖国的复兴为己任、以民族的梦想为目标，致力于科技创新。

青春风采

成果转化，让“科研种子”生根发芽

李蕴洲是哈尔滨工业大学的在读博士生，在机器人研究领域持续深耕，不断追求技术创新与突破，探索科技成果转化新路径。

青少年时期，李蕴洲就喜欢钻研四驱车机械结构、观看科普节目，对机器人领域颇感兴趣。这种热情指引他走进哈尔滨工业大学，也促使他直面挑战、不断超越。他与团队在参加全国大学生机械创新设计大赛时，想做一款多功能带载爬楼车，帮助快递员解决重物上楼的难题。在老师的指导下，他努力研究书本里艰深晦涩的理论，尝试设计与制作。然而耗时 5 个月做出的爬楼车还是达不到理想水平，大家都很受打击。

“既然要做，就要做到最好！”苦闷过后，李蕴洲还是决定坚持下去。在第二次设计制作时，李蕴洲及其团队几乎完全推翻了第一次的设计方案。“从最初单个零件重 30 千克，到后来整个爬楼车重 15 千克，还可以承载 50 千克的货物，我们付出了很多努力。”李蕴洲说。

李蕴洲深刻体会到，机器人研究就像一粒“种子”，许多技术都是先在研究中寻求突破，然后提炼衍生出各种创新技术，最后反哺工业等领域，实现应用价值。机器人研究意义非凡，李蕴洲由此坚定了自己的科研方向。

在参加中国国际“互联网+”大学生创新创业大赛时，看到其他同学在台上讲解项目，李蕴洲感受到：“如果不能服务经济社会发展，科研就缺少了一些价值。”从那一刻起，李蕴洲不再满足于做一名技术研究人员，而是更多地投身于科研成果转化，以寻求更大突破。于是，他踏上了创业的道路。

尖端科技竞争的本质是人才竞争。直到现在，李蕴洲还记得青少年时期被科普节目激发出的对

机械的热情。这几年，他积极组织各种科技教育活动，捕捉、培养青少年对机器人技术的浓厚兴趣。在谈及团队的科普推广计划时，李蕴洲既有热情，又满怀期待。他说："到2035年，我国公民具备科学素质的比例要达到25%，我想为实现这一目标努力。"

二、创新精神的要求

（一）反对僵化教条，打破旧的平衡

科技革命把人类带入了一个全新的时代，知识积累速度加快，知识传播手段日新月异，信息产业化进程不断加快，信息传播成本不断降低。我们要想跟上时代发展的步伐，就要进一步解放思想、转变观念、创新理念，突破思维定式，克服路径依赖，打破一潭死水、波澜不兴的沉寂局面，敢于在"换一种想法、换一种做法、换一种活法"的过程中追新求异，勇于创新，重塑自我。

（二）反对孤立静止，突破原有限制

片面、孤立、静止的形而上学思维方式，常常在有意无意间局限了人们的视野。经济全球化令任何一个国家都不能置身事外，任何一个民族都不能游离于科技之外，片面、孤立、静止地看待问题、处理问题，只能阻碍思路，扼杀创新。

古希腊哲学家赫拉克利特曾说过："人不能两次踏入同一条河流。"要发展、要变化、要前进，就必须突破原有的思想限制，革除腐朽落后的思想与事物，开拓有潜力的未知领域，不断强化创新意识，增强对事物发展的前瞻性与预见性，高屋建瓴地创造新事物。

（三）反对因循守旧，克服潜在惰性

因循守旧源于思想懒惰，它使创新精神受到遏制，创造能力不能发挥。很多学生在长期的学习中比较强调客观，强调主观要顺从客观，因而往往停留在学习理论知识上。学生不应拘泥于书本知识，而应克服潜在惰性，充分发挥主观能动性，从实践中找答案，在创新中求突破，使自己成为尊重事实、善于独立思考、充满创新活力的人。

案例在线

打破关住自己的"门"

一个木匠给家里做了一扇门，他认为这扇门用料实在，做工精良，一定会经久耐用。然而过了一段时间，门上的一颗钉子锈了，掉了下来，木匠找出一颗钉子钉上，门又完好如初。不久，又掉了一颗钉子，木匠就又换上一颗钉子。后来，有一块板坏了，木匠就找出一块板换上。再后来，门闩坏了，木匠又换了门闩……

在此后的若干年里，这扇门虽多次破损，但经过木匠的精心修理，仍坚固耐用。木匠对此甚是自豪：多亏自己有了这门手艺，不然门坏了还不知如何是好。

有一天，邻居对木匠说："你是木匠，你看看我家的门和你家的门有什么区别。"木匠仔细一看，才发现邻居家的门样式新颖、质地优良，而自己家的门又老又破、满是补丁。这时，木匠才明白，是自己故步自封、抱残守缺的经验主义阻碍了自家"门"的发展。

三、创新精神的重要性

人无精神则不立，国无精神则不强。创新精神是成就事业必不可少的精神动力，靠着改革创新，靠着全国各族人民砥砺奋进，中华民族伟大复兴中国梦的基础不断夯实。进入知识经济时代，我们仍要继续培养创新精神和创新思维，不断推动社会发展。

（一）创新精神是成就事业的精神动力

不管是国家、组织还是个人，有了创新精神就有了前进的动力。创新精神蕴含着巨大的能量，贯穿于人类社会发展的整个过程，是历史车轮前进的巨大引擎，更是社会发展的强大动力。古往今来，大至治国理政，小至做事创业，若想立于不败之地，就要改变固有的模式，突破传统，大胆、有的放矢地进行创新。

当前，我国综合国力显著增强，无论是在经济发展、科研创新方面，还是在教育、医疗水平方面，我国都取得了巨大成绩。但是在发展过程中，社会上的一系列矛盾逐渐凸显。新时代是属于创新者的时代，我们要想解决发展中出现的矛盾，就必须发扬创新精神。

（二）创新精神是适应知识经济时代发展的需要

知识经济是人类社会继农业经济、工业经济之后出现的一种崭新的经济形态。知识经济的基本特征就是知识不断创新，高新技术迅速产业化。创新是知识经济时代的一个显著标志，它实现了从有形资产向无形资产的转变，从重视引进与模仿能力向强调创新能力的转变。为了适应时代的发展，我们必须发扬创新精神，立新意、想新法、使新招，创造性地开展工作，力争将创新的理念和行动落到明处，融进实处。

（三）创新精神是推动社会发展的需要

科技是国家强盛之基，创新是民族进步之魂。自古以来，科学技术就以一种不可逆转、不可抗拒的力量推动着人类社会向前发展。16 世纪以来，世界发生了多次科技革命，每一次都深刻影响了世界力量格局。从某种意义上来说，科技实力决定着世界政治经济力量对比的变化，也决定着各国各民族的前途命运，只有不断推进科技创新，不断解放和发展社会生产力，不断提高劳动生产率，才能实现经济社会持续健康发展。

卓越创新

港珠澳大桥——超级工程背后的超级创新

港珠澳大桥（见图 9-2）位于珠江口伶仃洋水域，集桥、岛、隧于一体，全长 55 千米，其设计使用寿命为 120 年，打破了世界上同类型桥梁的"百年惯例"。在建设港珠澳大桥的过程中，建设精英们破解了诸多世界级技术难题，包括海中快速成岛、隧道基础处理与沉降控制、隧道管节沉放对接、大规模工厂化制造、海上埋置式承台施工、水下结构止水、超长钢桥面铺装、交通工程系统集成等。

在 9 年的建设时间内，全国各地的建设精英云集伶仃洋，不忘初心、牢记使命，历经艰苦卓绝的奋斗，用智慧和汗水浇筑起这座举世瞩目的大桥，在浩瀚的伶仃洋上书写了中国桥梁建设新篇章。

图 9-2　港珠澳大桥

建设港珠澳大桥，不仅需要在松软的地基上建成当今世界上长度最长、埋深最大的海底沉管隧道，还要在水深 10 余米且软土层厚达几十米的深海中建造两个人工岛，以实现海中桥隧转换衔接。如果按照传统方法建设这两个 10 万平方米的人工岛，不仅工期长，安全风险极高，还会对白海豚的生存环境造成一定的污染。

通过技术交流，施工团队最终采用了大直径钢圆筒围成人工岛的创意。简单来说，该创意就是以大直径钢圆筒止水围岛，在岛内填入砂料并加固地基，圆筒外再用混凝土块体等加固防护。建设这两个人工岛需要用 120 个直径为 22.5 米、高为 40.5～50.5 米、质量为 500 吨的钢圆筒及 242 个副格。钢圆筒的最大入土深度达 29 米，每个钢圆筒都相当于一栋高层住宅楼。

工欲善其事，必先利其器。要想把巨大的钢圆筒深插海底，必须要有配套的振沉设备。最终，施工团队采用了 8 台 APE600 液压振动锤联动振沉系统，该系统也是世界首创的联动振沉系统。利用这些创新技术，施工团队在 215 天内建成了两个 10 万平方米的人工岛，比采用传统抛石围堰施工法的施工效率提高近 5 倍，且最大限度地减小了对海洋环境的污染。

四、创新精神的培养途径

培养创新精神，可以从培养好奇心、培养敢于质疑的精神、激发创新的欲望、培养求异思维能力等方面做起。

（一）培养好奇心

好奇心是点燃创新激情的火把。牛顿因为好奇心发现了万有引力定律，瓦特因为好奇心改良了蒸汽机（见图 9-3），弗莱明因为好奇心发现了青霉素。科学研究特别是基础研究的出发点往往是科学家探究自然奥秘的好奇心。从实践看，凡是取得突出成就的科学家都是凭借执着的好奇心、事业心，终生探索，最终成就事业的。他们“只问是非，不计利害”，全身心地对未知的科学问题进行不懈探索。好奇心包含强烈的求知欲和追根究底的探索精神，要想获得成功，就必须具有强烈的好奇心。

图 9-3　瓦特改良的蒸汽机

（二）培养敢于质疑的精神

学起于思，思源于疑。有疑问才会去思考、去探索、去创新。科学的发展就是对旧的知识、观念进行辩证的分析，取其精华，去其糟粕，这就要求我们有质疑权威的精神。当然，这种质疑不是毫无根据的质疑，而是需要我们先进行科学的求证。科学家对旧的知识、观念的扬弃，对谬误的否定，无一不是从质疑开始的。

例如，在钱三强做出原子核三分裂实验报告前，国际科学界普遍认为原子核只可能分裂为两个碎片。1946 年 11 月 18 日，钱三强领导的研究小组提出原子核裂变可能一分为三。这一观点很快在国际上引起了广泛关注。紧接着，钱三强夫妇提出原子核存在四分裂的可能性。又如，在超导研究领域，国际上很长一段时间只找到铜氧化物这一个高温超导体家族，由于铁自身的铁磁性而普遍不看好铁基材料。我国科学家坐了 20 多年“冷板凳”，合成了铁基超导体。

敢于走前人没有走过的路，敢于质疑、打破现有的条条框框，才能开创前人所不曾见过的崭新事业。学生应增强创新自信，培养创新精神，不迷信学术权威，不盲从既有的学说，大胆质疑、认真求证、不断试验，以寻求解决问题的最佳方法。

（三）激发创新的欲望

创新的欲望会引发创新动机，最终促使创新行为产生。一个企业如果没有创新的欲望，就难以在市场上生存发展，更不可能在市场竞争中取胜；一个人如果没有创新的欲望，其业务能力就很难提高。20 世纪 90 年代初，南仁东提出 500 米口径球面射电望远镜（FAST）工程设想。当时中国最大的射电望远镜口径不到 30 米。为了实现这一设想，南仁东带领团队攻坚克难，历时 20 多年，终于建成口径达 500 米、面积相当于 30 个足球场的中国“天眼”（见图 9-4）。

图 9-4　中国“天眼”

学生不应满足于现成的思想、观点、方法，要经常思考如何在原有的思想、观点、方法的基础上创新发明、推陈出新，要经常思考“能否换个角度看问题”“有没有更简捷、有效的方法和途径”等问题。

（四）培养求异思维能力

生活中，很多人过于在意他人的看法，而忘了自己内心的真实想法，人云亦云，最终丧失自我。创新不是简单的模仿，而是需要劳动者在认真思考后，形成自己的见解。学生要培养求异思维能力，勤于思考，以推动创新成果源源不断地涌现出来。

探究与分享

结合自身实践，与同学讨论当代学生应如何培养创新精神。

第二节 培养创业精神

在创业者的主观世界里，那些具有开创性的思想、观念、个性、意志、作风和品质等，均为创业精神。创业精神是一种非智力因素，支配着人们创业实践活动的态度、行为、方向和目标，具有较强的选择性和能动性。创业精神既是创业的动力系统，也是创业素质的重要组成部分。

一、创业精神的本质

创业本身就是一个不断试错的过程，从某种意义上讲，创业成功只是一个小概率事件。创业者应具备不向失败低头、在绝望中寻找希望的创业精神。创业精神是一种非智力因素，是创业者在创业过程中的重要行为特征的高度凝练。下面从创新、冒险、合作和执着四个方面介绍创业精神。

（一）创新是创业精神的灵魂

创业者将新的理念和设想通过新的产品、新的流程、新的服务方式与新的市场需求相结合，进而创造出新的价值。对于创业者而言，创新不仅体现在创造新的价值方面，还体现在使新的产品和服务、新的管理制度、新的流程等新事物进入市场活动方面。虽然创业精神常常以创办新企业的方式表现出来，但是创业精神不仅存在于新企业中，一些成熟的企业只要焕发创新活力，就具有创业精神。

（二）冒险是创业精神的特质

任何一项创业活动都不可能是一帆风顺的，没有甘冒风险和勇担风险的魄力，就不可能成为一名成功的创业者。创业者的成长环境和创业机会虽然各不相同，但是他们大多是在条件不成熟、外部环境不明晰的情况下，敢为人先，勇于做第一个吃螃蟹的人，最终才取得成功的。

（三）合作是创业精神的基础

社会发展到今天，行业分工越来越细，几乎没有人能够独自完成创业过程中的所有事情。凡是创业成功者，都善于借助外力，善于与他人合作，他们能够将这种合作精神传递给团队中的每一位成员，使团队成员团结一心，不断进取；在遇到困难时，他们能够带领团队克服困难，摆脱困境。

（四）执着是创业精神的本色

执着是一种信念，是一个人对自己追求的目标、从事的工作所表现出来的一往情深、一往无前的状态。人们耳熟能详的愚公移山、精卫填海、铁杵磨成针等典故，都诠释了执着的真谛。人生需要执着，执着成就人生。创业者要想创业成功，必须有“咬定青山不放松”的毅力和“任尔东西南北风”的定力。

创业精神是一种内在的动力机制，能够激发人们进行创业实践的欲望，并且在很大程度上决定着人们对创业实践活动的态度和行为。创业精神能够帮助个人、企业乃至国家在错综复杂的竞争环境中走向成功和繁荣。一个人如果没有创业精神，即使有创业行动，往往也是浅尝辄止、半途而废。

青春风采

朱婷婷的“Youth 独食俱乐部”荣获金奖

朱婷婷是襄阳职业技术学院护理专业 2017 届毕业生。毕业后，她专注于餐饮创新与改革，创立了“独食”系列品牌，不到3年，就有了258家加盟店和5家直营店。这些店铺覆盖全国52座城市，直接带动了 300 余人创业、1 500 余人就业。

一心创新，执着创业

在校期间，朱婷婷对学校开设的职业规划课和创新创业课很感兴趣，并在老师的引导下参加了学校创业计划大赛，获得了一等奖。这次的获奖经历激发了她的创新创业激情，从此，她的创新创业脚步再未停止。2016 年，她组建“育婴树”项目团队，参加了“中国创翼”创新创业大赛，获得了银翼奖。2017 年，她参加了第三届中国“互联网+”大学生创新创业大赛，获得了铜奖。这些参赛经历激活了她的创业基因。毕业后，她响应国家“大众创业、万众创新”的号召，开始创业。

瞄准商机，创新创业

美团外卖《2020 外卖行业报告》显示：在“90 后”“00 后”的外卖订单中，单人用餐的比例分别是 65.4%和 73.7%。这说明在“90 后”和“00 后”中，“独食”现象非常普遍。于是，朱婷婷提出了“一人一位一份暖心精致餐品，独享空间与‘轻社交’完美结合，赋予餐饮好心情”的饮食理念。“我要为顾客打造一个独享空间，从空间、服务到菜品，营造一种轻松的氛围。”朱婷婷说。为了让顾客获得真正的“独食”体验，她在火锅店设计了可以一人用餐的单独卡座，相邻座位之间用隔板隔开，隔板上设有可以将隔板打开和关上的按钮。打开隔板，顾客就可以和朋友聚餐；关上隔板，顾客就可以拥有自己的一方小天地，如图 9-5 所示。

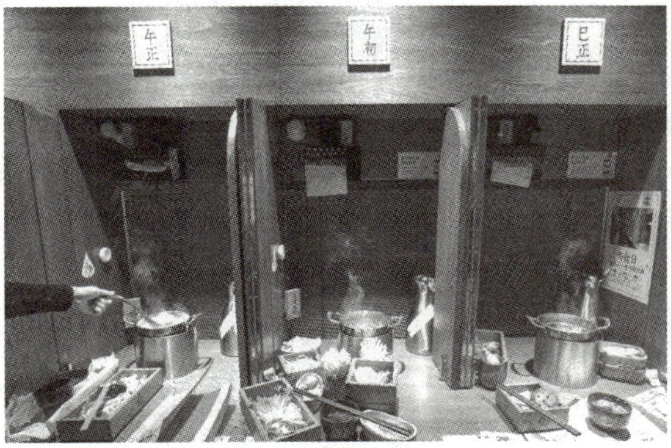

图 9-5　独享空间

此外，朱婷婷还在每个隔板上悬挂着一本独食日记，顾客可以在等餐时翻阅别人留下的小故事，也可以将自己在平日里难以对他人说的话或不敢说的话写在上面。这一创举满足了当代年轻人“轻社交”的心理需求，同时也加强了店员与顾客、顾客与顾客之间的联系，顾客回头率达到了80%。

朱婷婷在创业过程中不断创新，先后获得了17项专利。这些专利涉及火锅配方、蘸料配方、炒料机、独立餐桌等方面。

破纪录的获奖者

2020年11月19日，朱婷婷团队凭借“Youth独食俱乐部”项目在第六届中国国际“互联网+”大学生创新创业大赛总决赛中斩获金奖。“朱婷婷团队获得的这个金奖打破了湖北省职教赛道在中国国际‘互联网+’大学生创新创业大赛中从没有金奖的记录，是我校的骄傲，也是我省的骄傲！”襄阳职业技术学院就业创业中心主任林某说。

二、创业精神的特征

创业精神具有以下特征：

（1）高度综合性。创业精神是创新精神、拼搏精神、进取精神、合作精神等多种精神的综合体现，具有高度的综合性。

（2）三维整体性。创业精神涵盖了哲学层面的创业思想和创业观念、心理学层面的创业个性和创业意志、行为学层面的创业作风和创业品质。缺少其中任何一项内容，都无法构成创业精神。

（3）超越历史的先进性。创业精神的最终体现是开创事业，而开创事业本身体现了超越历史的先进性。创业者要想创业成功，就必须想常人不敢想的，做常人不敢做的。

（4）鲜明的时代特征。在不同的时代，人们的物质生活条件和精神需求不同，使得创业的基础和环境不同，进而使创业精神呈现出鲜明的时代特征。

青春风采

学生打造校园旅游平台

因为爱“穷游”，两名大学生合伙创建了专为大学生服务的校园旅游平台。在试运营期间，该平台的业绩甚至超过了一些传统旅行社。更让两人意想不到的是，该平台还获得了高额投资。

创业灵感来自糟糕的经历

小徐和小敏是安徽农业大学的大四学生，在其他同学忙于找工作时，他们两人的创业项目——“嘻游记”已经步入正轨。“嘻游记”被大学生亲切地称为最懂大学生的校园旅游平台。

创业灵感的迸发离不开生活的启迪，而他们创建校园旅游平台的想法源于一次糟糕的旅游经历。大二暑假，小徐召集了7名同学去云南旅游，其中就有小敏。“做旅游预算时发现，无论怎么节约，每个人都要花3 000元。”小徐说。对于大学生来说，这是一笔不少的费用。思前想后，众人还是选择了报旅游团。但意想不到的是，由于小徐等人在旅游过程中花费太少，旅游结束时每人还得补缴600元团费。

五天四夜的云南行，留给小徐的却是异常糟糕的回忆：两天耗在车上，两天耗在购物场所，半天花在走马观花的照相上，半天花在卫生间排队上……此后，小徐萌发了创建校园旅游平台的想法，该想法也吸引了小敏。

“硬面包”获得了高额投资

与其他旅游市场相比，校园旅游市场规模不大，大学生有限的消费能力、相对集中的出游时间，无不成为校园旅游经营者获取利润的制约因素。因此在创业初期，周围很多人都不看好小徐和小敏的创业项目，但是他们还是选择了这块不好啃的“硬面包”。

为了将校园旅游与常规旅游区别开来，小徐和小敏想了不少方法：在景区内设置热门综艺节目里的游乐环节，只做精品线路不求数量，创业团队只招募在校大学生，等等。在小徐的记忆中，创业之后最难入眠的夜晚莫过于首发旅游团开团的前一夜：“担心不能招满一车人，担心行程安排不能令游客满意，担心旅游质量不能达到游客的期望……”但是让小徐和小敏没有想到的是，首发旅游团开团就有百余人报名，最终出行人数也远远高于预期。

“嘻游记”3 月份开始试运营，一个季度的时间未到，就已经创下了喜人的业绩。据小徐介绍，“嘻游记”刚开始只有4条旅游线路，但每条线路每周都有约300人报名。与业绩一同增长的，还有“嘻游记”创业团队的加盟人数。不仅如此，“嘻游记”还意外获得了一笔高额投资。技术、运营经验、资金齐备的“嘻游记”在庞大的旅游市场中开辟了一条属于自己的发展道路。

三、创业精神的培养途径

培养创业精神，通常可以从塑造创业人格、提高创新能力和强化创业实践等方面做起。

（一）塑造创业人格

创业之路充满艰险与曲折，这就要求创业者具有非常强的调控能力，能够持续保持一种积极、沉稳的心态，即具有良好的创业人格。创业者只有具有处变不惊的良好心理素质和顽强的意志，才能在创业过程中做到自强不息、竞争进取、顽强拼搏，进而闯出一片新天地。从无数创业者的经验教训中可以发现，成功的创业者均具有乐观向上、聪慧勤勉、坚韧敢为、独立自律、诚实守信的创业人格。

对于学生而言，塑造创业人格，可以从提高心理素质、增强适应能力、自觉培养坚韧不拔的意志和艰苦奋斗的精神等方面做起。此外，还可以结合创业案例剖析创业者的人格特征，掌握培养良好的心理素质与人格特征的途径和方法。

（二）提高创新能力

学生可通过以下途径来提高创新能力。

1. 增强创新意识

创新是真正意义上的超越，体现了敢为人先、不断进取、求新求异的心理状态。学生创新能力的提高应该从增强创新意识开始，在学习和生活中做到以下几点：① 善于打破常规，敢于超越；② 培养聚合思维和发散思维、形象思维和抽象思维，善于运用归纳、演绎、推理等多种逻辑思维方式，重视直觉和灵感的作用；③ 培养问题意识，善于发现问题、提出问题、解决问题。

2．健全知识体系

创新意识可以在短时间内快速得到增强，但是个人创新能力的提高是一个日积月累、循序渐进的过程，它来源于精深的专业知识和广博的科学文化知识。一些世界级的重大科技成果都是以扎实的专业知识作为基础的，如果没有扎实的专业知识作为理论支撑，创新就成了无源之水、无本之木。要提高创新能力，就必须脚踏实地地学好专业知识，掌握真才实学。此外，还要扩展自己的知识面，丰富的人文、历史、地理等知识有利于灵感的产生。

3．提高综合能力

创新不是一种简单的包装，它体现的是一种更高层次的能力，建立在各种基础能力之上。学生要想提高创新能力，就必须提高自己的综合能力，包括观察能力、分析和解决问题的能力、独立思考能力、学习能力、社交能力等。

（三）强化创业实践

学生应利用课余时间积极参加创业模拟活动和社会实践活动，增强对企业的了解和对社会的认知，在实践中磨炼自己，培养创业精神。学生进行创业实践的途径主要有以下几种。

1．参加科技活动和专业竞赛

参加科技活动和专业竞赛是学生运用所学知识解决问题的最好实践机会，能够有效地激发和培养学生的科技创新意识。学生可以参加学校组织开展的科技活动，省、市级的专业竞赛项目和国家级的专业竞赛项目。其中，学校组织开展的科技活动内容丰富、形式多样，学生要重视并积极参加学校组织开展的科技活动（见图 9-6），如“走进科技馆”“走进企业”“走进高新技术基地”等科技活动。

图 9-6　参加科技活动

此外，每个专业都有对应的竞赛活动，如机械类专业的全国大学生机械创新设计大赛、电子科学类专业的全国大学生电子设计竞赛、艺术类专业的全国大学生广告艺术大赛、电子商务类专业的全国大学生电子商务“创新、创意及创业”挑战赛等。学生应密切关注、积极参与这些专业竞赛活动，在竞赛中培养创新精神，提高专业水平。

2．参加“挑战杯”中国大学生创业计划竞赛

“挑战杯”中国大学生创业计划竞赛是由中国共产主义青年团中央委员会、中国科学技术协会、教育部、中华全国学生联合会主办的大学生课外科技文化活动中的一项具有导向性、示范性和群众性的创新创

业竞赛活动，每两年举办一届。

“挑战杯”中国大学生创业计划竞赛自创办以来，始终坚持“培养创新意识、启迪创意思维、提升创造能力、造就创业人才”的宗旨，在引导和激励学生弘扬时代精神、把握时代脉搏，培养和提高学生创新、创造、创业的意识和能力，促进学校就业创业教育发展，发现和培养具有创新思维和创业潜力的优秀人才等方面发挥了积极作用。学生应积极参加这类竞赛，以开阔视野、磨炼意志、锻炼动手能力、培养创新精神。

3．参加中国国际“互联网+”大学生创新创业大赛

中国国际“互联网+”大学生创新创业大赛是教育部与各高校共同主办的一项技能大赛。第八届中国国际“互联网+”大学生创新创业大赛的主题是“我敢闯，我会创”，主要任务是：以赛促教，探索人才培养新途径；以赛促学，培养创新创业生力军；以赛促创，搭建产教融合新平台。学生应积极参加中国国际“互联网+”大学生创新创业大赛，以激发创造力，扎根中国大地了解国情民情，在创新创业中增长智慧才干，坚定执着追理想，实事求是闯新路，把激昂的青春梦融入伟大的中国梦，努力成长为德才兼备的有为人才。

青春风采

创新创业“金牌团队”

2021 年 7 月，“建行杯”第七届浙江省国际“互联网+”大学生创新创业大赛结果揭晓，杭州师范大学的参赛项目“曜晖科技——全球高端生科医疗器具国产化引领者”获得高教主赛道初创组金奖。

对于临床医学专业 2019 届毕业生赵起超来说，这不是他第一次参赛了。早在 2018 年 7 月，赵起超就参加了第四届浙江省“互联网+”大学生创新创业大赛，并获得了银奖。备赛过程中，他在分析了国内外市场需求后，发现自己的参赛项目的市场前景很大，于是，他产生了将该项目投入实际运营的想法。2018 年底，赵起超创办了杭州曜晖生物科技有限公司，开始了创业之路。

毕业后，赵起超与老师、同学依然保持联系，他向老师和学长学姐请教专业问题，向学弟学妹传授学习、创业经验。在一次次沟通交流中，越来越多怀揣创新创业梦想的同学们彼此相识。

2020 年 12 月，杭州师范大学发出通知，号召符合条件的在校生和毕业 5 年内的校友参加“建行杯”第七届浙江省国际‘互联网+’大学生创新创业大赛。看到通知，赵起超和他的伙伴们再次萌生了参赛的想法。就这样，来自多个学院的 11 名同学和赵起超一起，各展所长，开启了“曜晖科技——全球高端生科医疗器具国产化引领者”项目的创新创业大赛之旅。

团队组建后，不同专业、不同年龄、不同性格的队员们围绕高端生科医疗器具国产化进行了多次探讨，共同探索中国生科医疗器具创新发展之路，提出一个又一个鲜明的观点，碰撞出了思想的火花。

为了掌握更多的专业知识，更好地发挥特长，队员们主动参加了形式多样的创新创业培训，并放弃了假期休息时间，纷纷留校备赛。大家集中研讨，明确分工，反复、仔细对项目计划书和 PPT 进行修改。学校还邀请了相关领域的专家有针对性地对队员们进行指导。

省赛小组名单公布后，面对强劲的对手，压力向大家袭来。如何在众多项目中展示团队的优势，如何在路演顺序靠后的情况下抓住评委老师的眼球，这些无疑都是挑战。

队员们认为，在经过了无数次项目打磨和模拟演练后，项目已经具备了一定的竞争力，而取得好成绩的另一个关键就是注重细节。在规定的时间内完成项目演讲，在回答问题时保持语言流畅，这些都至关重要。

省赛决赛当天，项目主讲人按照赛前演练的方法，着重突出项目核心，在规定的时间内声情并茂地完成了演讲，展现了项目的特色与创新之处。随后，面对评委老师的提问，队员们对答如流，获得了评委老师的一致好评。

省赛决赛结束后，团队积极备战国赛，在做好高端生科医疗器具国产化的道路上继续探索，为实现中国生命科学科研工具的自由而躬身前行！

4. 自主创业

学生可选择自主创业。常见的适合学生的自主创业项目有以下几种：

（1）开设培训班。学生可以利用自己掌握的知识和技能，在课余时间开设英语四六级培训班、考研冲刺培训班、计算机培训班（见图 9-7）等专业技能培训班，或者开设音乐培训班、美术培训班、舞蹈培训班、体育培训班等文体类培训班。

图 9-7　计算机培训班

（2）开设寝室商店。在不违反学校寝室管理规章制度的前提下，学生可以将同学作为目标客户，在寝室内出售零食、生活用品或者提供理发、打印、照相、手机贴膜等服务。

（3）开设网店。电子商务的蓬勃发展为学生进行网络创业提供了机会，开设网店已成为许多学生青睐的创业项目。需要注意的是，运营网店需要耗费大量的时间，学生应合理分配自己的时间，不能耽误学业。

第三节　理解在劳动教育中融入创新创业教育的意义

随着科技的迅猛发展和人工智能时代的到来，劳动的创造性特征日益凸显。创造性劳动的主体是高素质的创新型劳动者，他们能够在劳动中实现物质产品的创造。学校是培养高素质创新型劳动者的重要主体，学校劳动教育的重点是使学生能够在劳动实践中创造性地解决问题。

近年来，越来越多的学生承担起科研创新的重任，努力在实现中华民族伟大复兴的时代洪流中踔厉奋发、勇毅前行，以聪明才智贡献国家，以开拓进取服务社会。劳动教育是人生成长的必修课，在劳动教育中融入创新创业教育，有助于学生培育锐意进取的创新精神、勇于探索的冒险精神、求真务实的奋斗精神、团结共进的合作精神和不辱使命的担当精神。

一、有助于培育锐意进取的创新精神和勇于探索的冒险精神

劳动创造美好生活。《大中小学劳动教育指导纲要（试行）》明确指出，普通高等学校要强化马克思主义劳动观教育，注重围绕创新创业，结合学科专业开展生产劳动和服务性劳动，积累职业经验，培育创造性劳动能力和诚实守信的合法劳动意识；职业院校、普通高等学校要注重结合产业新业态、劳动新形态，选择现代农业、工业、服务业项目，提升创造性劳动能力。

进行劳动教育，不仅仅要让学生从中获得劳动体验，更要培养学生的劳动创造力，这也是创新创业精神的基本要求之一。在劳动教育中融入创新创业教育，可以让学生在实践中检验理论知识和前人经验，提高其对新鲜事物的认知能力和学习能力，从而培育锐意进取的创新精神和勇于探索的冒险精神。

案例在线

池州学院：劳动教育与创新创业相结合

亲手把一根棍子制作成一双筷子，这是许多学生想都没想过的事。然而，在池州学院的“匠心筷子工坊”里，学生学习刨木、打磨、切割、刻姓名、上桐油等已成常态。更难能可贵的是，教授这些技能的人也是学生。

“他们是学校里的一支创业团队，一行四人先去杭州拜师学艺，学成归来再教其他同学。”学生处处长方某认为，学生们在制作的过程中融入艺术方面的思考，制作出的筷子是独一无二的，非常有意义。

池州学院十分注重在劳动全过程中对学生创新能力的培养，实行“1、2、3”计划，即：100%的学生接受创新创业通识教育，20%的学生接受创新创业模拟，3%的学生开展创业实践。2013 年，学校建立创新创业孵化基地，每年几百学生参与其中。截至 2020 年，该基地成功孵化了 6 家年销售额突破 1 000 万的企业，走在了全省前列。

“我是安徽省航模队专业运动员，2016 年考入池州学院后着手准备航模培训，在创新创业过程中，学校给予了很多支持。”学生沈国富如数家珍地说道，“入驻孵化基地时，学校给我们提供了两间工作室，水电费全免；每年体育学院新生报到时，学校授权我们设立航模专场招聘会招聘队员；大一新生军训和运动会上，学校授权我们安排航模队表演进行宣传造势；日常训练需要使用运动场时，学校积极协调……”

四年多来，航模队一边在校内做宣传普及和培训工作，一边到池州市中小学开展专项提升活动，以“课后三点半”的形式培训了 200 多名学生。此外，航模队还不定期到周边乡镇小学进行公益讲座，一年十多次，受益人次超一万。如今航模队已有 40 多名队员，最高峰时超 70 名队员。在沈国富的带领下，近 20 名队员和 3 位体育老师考取了国家二级航空模型裁判员证书和航空模型辅导员证书，有

的还在安徽省青少年科技模型比赛中当裁判。沈国富毕业后，运营着自己的航模公司，一些队员跟随就业。

二、有助于培育求真务实的奋斗精神和团结共进的合作精神

劳动是一切成功的必经之路。劳动教育强调劳动是一切财富、价值的源泉，劳动者是国家的主人，一切劳动和劳动者都应该得到尊重；倡导通过诚实劳动创造美好生活、实现人生梦想，反对一切不劳而获、崇尚暴富、贪图享乐的错误思想；倡导在劳动中巩固劳动习惯，厚植劳动情怀，实现自我价值；倡导在实践中感受与团队成员沟通及合作的意义，在收获劳动成果的过程中体会互帮互助、努力付出的喜悦。这种奋斗精神和合作精神正是创新创业精神的体现。

创新创业不是一句口号，学生应在做好每一件小事、完成每一项任务、履行每一份职责中贯彻创新创业精神。随着新时代的到来，新技术不断涌现，新业态不断呈现，应对创新创业过程中遇到的挑战，仅靠勇气和兴趣是不够的，还需要学生具备“大道至简、实干为要”的品质。只有求真务实、尊重团队中的每个人，才能凝聚起团队的强大力量；只有懂得团结共进（见图 9-8）的意义，才能开创包容、共赢的新局面，共享创新创业新成果。

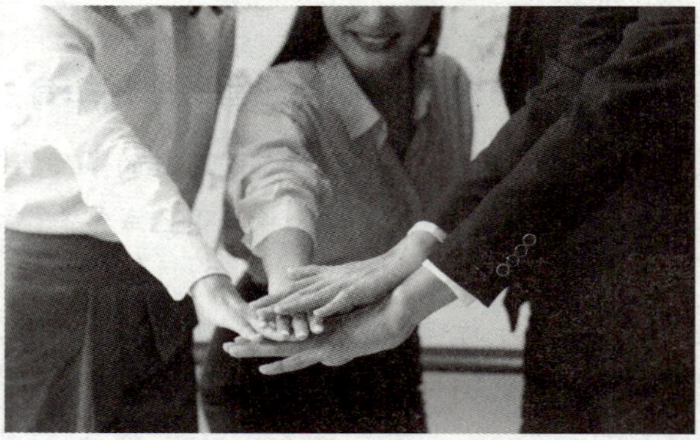

图 9-8　团结共进

三、有助于培育不辱使命的担当精神

空谈误国，实干兴邦。劳动教育是新时代党对教育的新要求，是中国特色社会主义教育制度的重要内容，是全面发展教育体系的重要组成部分，是学校必须开展的教育活动。劳动教育具有突出的社会性，必须加强学校教育与社会生活、生产实践的直接联系，发挥劳动在个人与社会之间的纽带作用，引导学生认识社会，增强社会责任感，使其成长为担当民族复兴大任的时代新人。这样的担当精神，正好契合了国家“大众创业、万众创新”重大战略部署。培育学生创新创业精神，更要鼓励学生持续关注国家发展，将创新创业和祖国的需要相结合，让青春绽放在祖国最需要的地方。

劳动教育具有显著的实践性，必须面向真实的生活世界和职业世界。在劳动教育中融入创新创业精神，可以引导学生动手实践，在认识世界的基础上，学会建设世界，塑造自己，从而实现树德、增智、强体、育美的目的。

案例在线

创新创业：让劳动教育“实”起来

劳动教育能够为创新创业提供正确引导，创新创业能为劳动教育注入创新活力。湘潭大学始终以培育创新精神和综合能力为主线，将劳动教育与新产业、新业态、新技术结合，挖掘新时代高校劳动教育新内涵。学校通过制定《湘潭大学新时代劳动教育实施方案》、设立湘潭大学学生创新创业中心、建立学生创新创业孵化基地等方式，全方位、阶梯式助力学生创新实践。同时，学校还通过劳动教育引导学生运用新知识、新技术、新工艺、新方法，创造性地解决实际问题，培养学生的创新意识、创造能力和创业素养，让劳动教育“实”起来。

在创新创业过程中呼应时代需求、实践劳动教育、展现青年担当，是新时代高校应尽的职责。学校通过形式新颖、内容丰富的创新创业活动，使学生的劳动意识和行为与未来社会发展需求相匹配，以此来教育和引导学生立鸿鹄志，做奋斗者。学校依托学科特色和地域优势，将创新创业教育与国家战略需求相结合：争取国家载人航天工程“空间站舱外服工业设计”项目，得到中国航天员中心领导和专家的高度评价；将北斗高精度定位技术应用到铁路铺轨施工项目被纳入北斗三号全球卫星导航系统开通一周年总结中，被中央电视台报道；开发全自动莲子去芯机和开边机，助力地方经济发展，被中央电视台《我爱发明》栏目进行专题报道。学校为学生开拓创新、学以致用提供了试验田，在呼应时代需求中为党和国家培养了高素质人才，组建了协同育人的教育模式。

搭建创新创业和实践教学融合平台，构建新时代劳动教育体系。明确劳动教育的目标与具体的实施方案，在创新创业实践中渗透劳动育人的管理理念，才能提升育人实效，帮助学生树立正确的劳动观念。学校大力推动师资队伍从“知、情、意、行”四个方面培育学生的劳动精神，以学生喜闻乐见的形式在劳动观念、劳动情感、劳动意志、劳动行为上发力，通过“创新创业+实践教学”等形式将马克思主义劳动理论根植于当代学生劳动教育中。学校建立了“创新训练中心+创新创业孵化基地+院系实验室+校外实习实践基地”的立体式实践平台，创设了工程认知、工程基础、先进制造技术、电工电子、创新与研究、人文大类综合六大模块实训教学体系，搭建了融知识、能力、素质教育于一体的分层次、模块化的新型双创实践体系。在创新创业项目的孵化和成长过程中，学生全面参与劳动、进行实践，得到了宝贵的实践经验。

实践活动

“最美创业人”采访活动

4～6 人为一组，以小组为单位采访身边或网络上的创业者，了解他们的创业模式和创业故事，感受他们勇于探索、敢于冒险的创新创业精神，从而树立创新意识、培养创新思维、提高创新创业能力。各小组确定好采访对象后，根据采访对象的身份、职业等信息，合理设计采访问题和采访流程，有序开展采访活动，编写采访记录，并将整理好的采访记录在课堂上进行分享。

活动记录

采访对象简介：

采访问题：

采访流程：

采访记录：

活动评价

老师可参考表 9-1 对学生在实践活动中的表现进行评价。

表 9-1　实践活动评价表

评价标准	分值	分数小计	老师评价
活动准备工作做得充分，活动记录填写完整	10		
采访问题设计合理，能突出创新精神的内涵和创业精神的本质	20		
采访流程安排合理，能有序开展采访活动	20		
采访活动氛围融洽，能与创业者友好交流，发现并学习创业者身上的优点	20		
采访记录内容丰富、详细，能声情并茂地分享采访记录	30		
总　计	100		

参考文献

[1] 赵放，王千文．职业院校劳动教育教程 [M]．北京：高等教育出版社，2022.

[2] 柳友荣．新时代大学生劳动教育 [M]．北京：高等教育出版社，2021.

[3] 教育部职业技术教育中心研究所．劳动教育读本（高职版）[M]．北京：高等教育出版社，2021.

[4] 潘维琴，王忠诚．劳动教育与实践 [M]．北京：机械工业出版社，2021.

[5] 党印．新时代劳动教育 100 问 [M]．北京：中国人民大学出版社，2021.

[6] 李效东．大学生劳动教育概论 [M]．北京：清华大学出版社，2021.

[7] 刘青松．新时代的劳动教育 [M]．重庆：西南大学出版社，2021.

[8] 董金凤，贾增岁，武辉．劳动教育实践教程 [M]．西安：西安电子科技大学出版社，2021.

[9] 杨舒香，靳红，刘瑶．中职学生劳动教育与实践 [M]．成都：电子科学技术大学出版社，2020.

[10] 关春霞，陈东东，李淼．劳动教育课程实施与评价 [M]．北京：知识产权出版社，2020.

[11] 方艳丹，韦杰梅，卢民积．劳动教育实践活动设计 [M]．北京：电子工业出版社，2020.

[12] 储克森，姚晓峰．创新创业教育 [M]．北京：机械工业出版社，2020.